« Ce que je voudrais dire à celui ou celle qui est dans le trou, c'est qu'il y en a beaucoup qui sont ou qui ont été dans le trou et qu'on peut en ressortir. Peut-être pas dans quinze jours, peut-être pas dans un mois, peut-être dans six mois seulement et que ça ne va pas être marrant entre-temps mais voilà, ne jamais perdre de vue l'idée : on peut en ressortir. »

Dominique, 42 ans

Sommaire

PREMIÈRE PARTIE

Déprime ou dépression : ne pas confondre

« Pourrait-il s'agir d'une dépression ? »

Voilà une question difficile à poser. À se poser ? On est fatigué, on n'éprouve plus de plaisir, on est triste... mais pas triste comme d'habitude, non, ça n'a rien à voir avec un « coup de déprime »... On se sent coupé de tout et c'est tellement plus douloureux...

Si vous vous posez la question (à propos de vous-même ou d'un de vos proches) ou si simplement vous voulez en savoir plus sur cette maladie, lisez ce chapitre.

Vous y apprendrez que la dépression est une maladie qui peut prendre plusieurs formes et toucher chacun d'entre nous.

Vous y apprendrez également quels sont les principaux symptômes de cette maladie.

Parce qu'apprendre à repérer ces symptômes (chez soi ou chez un proche), c'est un premier pas pour agir contre la maladie.

Qu'est-ce que la dépression ?

LA DÉPRESSION, CE N'EST PAS UN « MAL-ÊTRE » EXISTENTIEL, NI UN « COUP DE DÉPRIME »

Le fait de se sentir triste, d'être « déprimé », d'avoir des « idées noires » ou des difficultés à dormir ne veut pas forcément dire que l'on souffre de dépression. Les moments de cafard, de « blues », de doute ou de questionnement font partie de la vie. Au fil du temps et des événements, chacun de nous expérimente toute une gamme de sentiments, du plus triste au plus optimiste.
À l'intérieur de cette large palette d'émotions, la tristesse, le découragement et le désespoir représentent des expériences humaines normales. Ces variations et ces baisses de l'humeur ne doivent pas être confondues avec ce qu'éprouve une personne dépressive.

Pour pouvoir parler de dépression, et donc de maladie, il faut :
• que ces perturbations de l'humeur soient **multiples** et **bien caractérisées** ;

- qu'elles se manifestent **de façon (quasi) permanente** pendant une **période supérieure à deux semaines** ;

- qu'elles entraînent **une gêne importante** dans un ou plusieurs domaines de la vie quotidienne (difficulté ou incapacité de se lever, d'aller à son travail, de sortir faire ses courses...).

LA DÉPRESSION, C'EST UNE MALADIE QUI ENTRAÎNE SOUFFRANCES ET GÊNES

Nous pouvons avoir l'impression de connaître cette maladie sans pour autant en avoir jamais été atteint. L'explication est simple : parmi la large gamme d'émotions et de sensations que nous éprouvons au cours de notre vie, certaines sont très douloureuses. Nous en concluons hâtivement qu'être dépressif consiste à ressentir plus fortement et plus longtemps de telles souffrances. Et cela nous incite à croire que nous pouvons facilement comprendre ce que vit une personne souffrant de dépression.

Mais la réalité est différente. En effet, avant leur entrée dans cette maladie, les personnes souffrant de dépression ressentaient elles

La dépression en chiffres

La dépression est l'une des maladies psychiques les plus répandues. Selon une enquête réalisée en 2005* par l'Inpes :
- 8 % des Français de 15 à 75 ans (soit près de **3 millions** de personnes) ont vécu une dépression au cours des douze mois précédant l'enquête ;
- 19 % des Français de 15 à 75 ans (soit près de **8 millions** de personnes) ont vécu ou vivront une dépression au cours de leur vie.

La dépression est une maladie qui semble toucher davantage les femmes : environ deux fois plus de femmes sont diagnostiquées comme souffrant de dépression.

*Enquête Baromètre santé 2005

aussi un large éventail d'émotions, agréables ou douloureuses. Or toutes ces personnes disent que leur état au cours de la dépression est **très différent** de tout ce qu'elles pouvaient avoir connu auparavant.

Les émotions qu'elles éprouvent, les idées qui les traversent sont impregnées d'une **souffrance morale permanente, plus insupportable** que toute autre souffrance déjà endurée. Autre différence avec les émotions habituelles de la vie, les personnes ont **l'impression d'être coupées de leur entourage.**

L'état dépressif se caractérise par un changement profond (une véritable rupture) par rapport au fonctionnement habituel. Trois éléments principaux sont typiques de cet état :

Les mots en couleur sont définis p. 84

• une **tristesse inhabituelle,** différente d'après les personnes qui souffrent de dépression de la tristesse normale (cette tristesse est particulièrement intense, elle n'est pas « directement » reliée à une cause, rien ne l'apaise, elle se mêle d'angoisse et d'un sentiment de « fatalité ») ;
• une **perte d'intérêt et de plaisir** qui touche tous les domaines de la vie ;
• une **association de plusieurs symptômes** durables qui entravent douloureusement la vie quotidienne.

La dépression est une maladie qui peut toucher **chacun d'entre nous** (quels que soient son âge, son sexe, son niveau social...). Contrairement à certaines idées reçues, elle ne relève ni d'une « fatalité », ni d'une faiblesse de caractère. **La volonté seule ne suffit pas pour en sortir,** notamment parce que la maladie provoque un sentiment de dévalorisation de soi et des pensées négatives.

LES SYMPTÔMES DE LA DÉPRESSION

La dépression entraîne un « **ralentissement** » dans tous les registres de la vie quotidienne : vie affective, fonctionnement intellectuel, forme physique, mécanismes vitaux et corporels.

Ce « ralentissement » se décline en multiples symptômes qui persistent **pendant une longue durée** (au-delà de quinze jours). La liste ci-dessous peut vous aider à repérer certains de ces symptômes, sachant qu'une même personne peut ne pas les ressentir tous.

Forme physique : se sentir à bout

Fatigue : même sans avoir fait d'efforts particuliers, la personne éprouve en permanence une sensation de manque d'énergie. Cette sensation omniprésente vient s'ajouter au découragement et à la douleur physique et morale. Une des caractéristiques de cette fatigue dépressive est que ni le repos ni le sommeil ne l'atténuent.

Ralentissement général : la dépression ralentit tous les gestes ; il faut donc plus de temps pour accomplir les tâches habituelles. On n'a pas la force. Les émotions, les pensées et les actions sont comme « engluées » par la maladie. Les mouvements du visage sont diminués, il en ressort une impression d'inexpressivité qui peut laisser croire à de l'indifférence. La parole est lente, traînante. La personne a le sentiment de ne plus être capable de réagir. Certaines fonctions du corps, comme la digestion, sont également ralenties.

Bertrand, informaticien, 32 ans

« Quand je suis comme ça, je suis complètement amorphe. Je peux rester immobile pendant des heures. En général, je suis scotché devant la télé sans même suivre ce qui s'y passe. Je ne peux plus rien faire, j'ai des boules d'angoisse terribles. Et puis un sentiment de néant. Incapable de bouger. Incapable de faire quoi que ce soit. »

Anxiété, troubles anxieux, dépression : à bien distinguer

L'**anxiété** est une émotion proche de la peur, qui existe chez tout être humain. Elle correspond à une nécessité permanente de s'adapter aux problèmes de la vie (anxiété dite « adaptative ») et aux interrogations que chaque individu porte sur le monde (anxiété dite « existentielle »). Ces deux formes d'anxiété sont humaines. L'anxiété peut cependant devenir une maladie qui associe différents symptômes (psychologiques, physiques, comportementaux) et entraîne une souffrance et une gêne importantes dans la vie quotidienne.

On parle alors de **troubles anxieux**. Ce terme regroupe l'ensemble des troubles mentaux dans lesquels existent des peurs irrationnelles et invalidantes (c'est-à-dire sources de gênes). Ces peurs peuvent être :
• des **phobies** : peurs déclenchées par des objets ou des situations inoffensifs et extérieurs à la personne (par exemple, la phobie de la foule ou de l'ascenseur) ;
• des **obsessions** : peurs issues des idées de la personne, dont elle mesure pourtant elle-même le caractère absurde (par exemple, l'obsession des microbes ou de la saleté, du parfait alignement des tableaux sur un mur, de la vérification incessante de la fermeture des robinets...) ;
• la **panique** : peur extrême, qui « jaillit » brutalement, sans facteur extérieur déclenchant, avec parfois l'impression que la mort est proche ;
• l'**anxiété généralisée** : elle correspond à un souci permanent, excessif et invalidant.

La dépression et les troubles anxieux sont deux maladies psychiques différentes, même si elles peuvent avoir des symptômes similaires (comme la difficulté à dormir, à s'alimenter et à réfléchir) et si certains signes d'anxiété peuvent être présents en cas de dépression. Cette distinction est particulièrement importante à faire dans la mesure où les traitements médicamenteux et psychologiques peuvent différer.

Vie affective : être à plat

Tristesse intense : dans la dépression, la tristesse est particulièrement douloureuse, incompréhensible et envahissante, souvent accompagnée de pleurs sans motif et d'un sentiment de désespoir.

Incapacité à éprouver du plaisir : chez les personnes souffrant de dépression, les petits plaisirs de la vie (écouter de la musique, voir ses amis, lire son journal…) disparaissent. Tout paraît égal, terne, sans intérêt. La vie a perdu tout sens, tout goût, toute couleur.

Hypersensibilité émotionnelle : les personnes souffrant de dépression réagissent avec une grande sensibilité aux situations de la vie quotidienne (comme s'il manquait un « espace d'amortissement » entre elles et leur environnement). En même temps, elles peuvent avoir l'impression d'être vides, de ne plus éprouver d'émotions. C'est comme si elles étaient à la fois « anesthésiées » et hypersensibles.

Impressions d'abandon, d'inutilité, de solitude : ces impressions cohabitent avec le sentiment de ne pas être aimé des autres, de n'avoir rien à dire qui puisse les intéresser.

Anxiété : les **troubles anxieux** et la dépression renvoient à deux maladies différentes (voir encadré ci-contre). Néanmoins, l'**anxiété** est un symptôme fréquent en cas de dépression. Cette peur sans cause évidente s'exprime aussi bien dans le corps (« boule » dans la gorge, gêne pour respirer, douleurs diverses, notamment dans le ventre) que dans la tête (peur « flottante », ruminations, sentiment de catastrophe imminente).

Stéphanie, étudiante, 24 ans

« J'étais perdue, je n'arrivais plus à réfléchir. Quand je voulais me faire du thé, je ne savais pas s'il fallait que je commence d'abord à sortir une casserole ou à faire couler l'eau. J'étais perdue, je n'avais plus de logique. »

Dépression et risque de suicide

La dépression est la première cause de suicide : près de 70 % des personnes qui décèdent par suicide souffraient d'une dépression, le plus souvent non diagnostiquée ou non traitée.

Les idées de suicide sont fréquentes dans la dépression (elles font d'ailleurs partie des symptômes de la maladie), elles méritent **dans tous les cas d'être signalées à un professionnel de santé** afin d'en parler et de les désamorcer.

Il est important de savoir que :
- les personnes suicidaires ne veulent pas nécessairement mourir mais souhaitent plutôt mettre fin à une souffrance devenue insupportable ;
- l'immense majorité des personnes en proie à des idées de suicide ne feront pas de tentative ;

La **crise suicidaire** est une **période critique,** marquée par un envahissement des émotions, par de grandes difficultés pour se concentrer, par le sentiment profond d'avoir tout essayé et que rien ne marche pour être soulagé. Le vécu d'impuissance est majeur. Cette crise suit souvent un processus qui comporte plusieurs « stades » ou « paliers » : la personne a d'abord des « flashs » (visions brèves qui donnent l'impression de devenir fou), puis des idées de suicide plus ou moins fréquentes et intenses contre lesquelles elle va lutter mais qui peuvent éventuellement l'envahir ; elle risque alors de passer aux stades de l'intention (prise de décision), de la planification (recherche du moyen, du lieu, des circonstances et du moment) et de la mise en œuvre de son suicide.

Ce processus n'est cependant jamais inéluctable, il peut être arrêté à tout moment. C'est pourquoi, répétons-le, il est primordial d'en parler à un professionnel de santé. Il est possible de se rendre à toute heure du jour ou de la nuit aux urgences de l'hôpital le plus proche, dans un Centre d'accueil et de crise (voir p. 54) ou encore d'appeler un centre d'appel spécialisé (voir p. 87-88).

Fonctionnement intellectuel : voir tout en noir

Ralentissement intellectuel : en cas de dépression, il devient difficile de réfléchir, de trouver les mots, de parler avec fluidité. On a l'impression d'avoir la tête vide, que le monde est devenu trop compliqué, qu'on ne saura pas s'y adapter, y faire face. Il faut faire un effort très important pour accomplir des tâches qui, jusqu'alors, s'effectuaient naturellement, sans y penser.

Diminution de l'attention, de la concentration et de la mémoire : fixer son attention, ne pas se laisser distraire, retenir ce qu'on vient de lire... ces tâches deviennent très difficiles à accomplir lorsque l'on souffre de dépression.

Dévalorisation de soi et culpabilité : la personne qui souffre de dépression ne se sent bonne à rien ; elle se pense sans valeur ; elle s'accuse d'être responsable des événements pénibles qu'elle vit et des émotions désagréables qu'elle ressent. Cette impression lui paraît tellement définitive qu'il lui est difficile de demander de l'aide et de croire qu'un traitement peut changer quelque chose.

Pensées négatives : la personne analyse les événements de sa vie et les opinions des autres sous un angle systématiquement négatif. Ce pessimisme permanent retentit sur les proches et peut les décourager.

Pensées autour de la mort (la sienne, celle de ses proches ou la mort en général) : liées au sentiment d'inutilité et à la perte de plaisir déjà décrits, ces idées noires sont en fait « fabriquées » par la dépression et disparaissent à la guérison de la maladie. Les idées de suicide méritent dans tous les cas d'être signalées à un professionnel de santé (voir encadré ci-contre).

Mécanismes du corps : tout se dérègle

Dégradation du sommeil : le sommeil est souvent mauvais, moins profond, très court et peu réparateur. Le petit matin est souvent marqué par un réveil précoce, avec impossibilité de se rendormir et une grande souffrance morale. Dans d'autres cas, le sommeil est en excès ; on parle de « sommeil refuge », comme si celui-ci correspondait à un besoin de « fuir ». Mais ce trop-plein de sommeil est insatisfaisant et plutôt abrutissant.

Altération de l'appétit : l'appétit est le plus souvent diminué (les aliments semblent sans goût, l'assiette paraît trop remplie). La préparation des repas devient une corvée, leurs horaires se font irréguliers, leur composition déséquilibrée. La perte de poids est souvent un signe important pour établir le diagnostic de dépression. À l'inverse, on observe parfois une augmentation de la prise d'aliments (surtout sucrés) pouvant conduire à une prise de poids.

Problèmes sexuels : la sexualité est une fonction à la fois très biologique et très relationnelle. Ces deux dimensions étant très perturbées dans la dépression, il est logique que la vie sexuelle soit affectée. Le désir sexuel de la personne peut disparaître, son plaisir s'estomper. La réalisation de l'acte sexuel devient alors difficile. En conséquence, le conjoint a parfois l'impression d'être délaissé, ce qui accentue la tension dans la vie de couple.

Symptômes physiques : la dépression peut s'accompagner de douleurs (maux de tête, souffrances dans les articulations, problèmes digestifs…) et de dérèglements de certains indicateurs ou fonctions du corps (tension artérielle, perturbation ou interruption des règles…).

Les conséquences de ces symptômes dépressifs sur le fonctionnement quotidien de la personne sont considérables. Toutes les relations sont affectées : au sein du couple et de la famille, avec les amis, dans le milieu professionnel.

Pourtant, même si les symptômes sont bien présents, la personne qui souffre de dépression a souvent du mal à les repérer.
Le principal obstacle à leur repérage réside dans la difficulté à juger par soi-même de son état psychologique. Une autre raison tient au fait de considérer ces symptômes comme normaux, en les attribuant à une difficulté momentanée de la vie. **L'évaluation par un professionnel de santé est donc indispensable.** Si vous vous posez des questions, si vous pensez avoir repéré **plusieurs de ces symptômes,** chez vous ou chez un de vos proches, la liste de questions (p. 25-27) peut vous aider à faire plus précisément le point avant d'aller consulter un médecin.

Quelles sont les différentes formes de dépression ?

L'ÉPISODE DÉPRESSIF CARACTÉRISÉ : LA FORME LA PLUS FRÉQUENTE

La dépression se manifeste le plus souvent sous forme d'épisode(s) : on parle alors d'**épisode dépressif caractérisé** (ou d'**épisode dépressif majeur**).

Le diagnostic d'épisode dépressif caractérisé est posé :
• quand l'épisode dépressif dure suffisamment longtemps **(plus de quinze jours)** ;
• quand, durant cette période, **chaque jour ou presque,** et **pendant la plus grande partie de la journée,** la personne dépressive se sent triste, sans espoir ou a perdu ses centres d'intérêt ;
• quand cet état de souffrance profonde est associé à de nombreux autres symptômes décrits plus haut **(au moins 4),** qui ont des

répercussions au niveau affectif, social, professionnel ou dans d'autres domaines importants de la vie.

L'épisode dépressif peut être plus ou moins sévère

En fonction du nombre et de l'intensité des symptômes, la dépression sera plus ou moins sévère, la vie quotidienne plus ou moins perturbée. Lors des épisodes les plus graves, tous les types de symptômes sont présents et leurs effets dans la vie de tous les jours sont considérables. Les incapacités et les perturbations relationnelles, professionnelles et sociales sont nombreuses. Dans les cas extrêmes, la personne ne parvient plus à prendre soin d'elle-même (se nourrir, s'habiller seule, conserver un minimum d'hygiène personnelle…) ou peut tenter de mettre fin à ses jours.

L'épisode dépressif peut être associé à certaines périodes de la vie ou de l'année

Saisons : l'épisode dépressif peut survenir régulièrement à des moments bien particuliers de l'année, apparaître par exemple chaque hiver pour disparaître au printemps. On parle alors d'**épisodes de type saisonnier.** Cette forme est cependant assez rare.

Maternité : c'est une période à risque. L'épisode dépressif après l'accouchement (**épisode dépressif du post-partum**) ne doit pas être confondu avec le **baby blues**. Ce dernier est un moment de doute passager, facilement surmontable, qui se caractérise par le sentiment d'être débordée, de ne pas comprendre les demandes de son bébé. Il se manifeste chez de nombreuses femmes (près de 50 % des accouchées) quelques jours après l'accouchement. L'épisode dépressif du post-partum est, lui, une véritable dépression qui répond à tous les critères de la maladie (durée, symptômes, conséquences) et qui débute dans le mois qui suit l'accouchement.

Deuil : au cours des semaines qui suivent la perte d'un être cher, il est courant de ressentir des symptômes dépressifs. Ceux-ci font partie du processus normal de deuil. On peut avoir recours à un professionnel de santé ou à toute autre personne pour en parler et « atténuer » la douleur du deuil. Mais le recours au professionnel de santé pour une prise en charge spécifique devient absolument **nécessaire** si les symptômes persistent sur une longue période (plus de deux mois) ou sont particulièrement « envahissants ».

Les caractéristiques de l'épisode dépressif peuvent varier en fonction de l'âge

Enfants et adolescents : la plupart des caractéristiques de la dépression de l'adulte se retrouvent chez l'enfant et chez l'adolescent. Néanmoins, certains symptômes dépressifs peuvent être spécifiques à ces tranches d'âge.

- Chez l'enfant, la dépression peut se manifester à travers des comportements de retrait, d'absence ou – au contraire – d'irritabilité, d'agitation. Seule une écoute attentive et avertie de l'enfant par un professionnel pourra la mettre en évidence.
- Chez l'adolescent, la dépression peut se manifester au travers de comportements nuisibles pour leur santé : abus d'alcool, de drogues, de médicaments (**anxiolytiques**, **hypnotiques**), états d'agitation, violence verbale ou indifférence apparente. Les traitements de la dépression de l'enfant et de l'adolescent sont spécifiques et ne sont pas abordés dans ce livret[1].

Personnes âgées : la dépression (et le risque suicidaire) n'épargnent pas les personnes âgées, bien au contraire. Les symptômes de la maladie sont très semblables chez elles à ceux qu'on peut trouver chez les adultes plus jeunes mais la reconnaissance de la maladie peut être plus difficile à faire, en raison de la diminution de l'activité physique (et parfois intellectuelle). Pourtant, le fait d'être triste ou pessimiste ne doit pas être considéré comme normal lorsque l'on est âgé. Le traitement est aussi nécessaire et efficace à cette période de la vie que plus tôt. Il est donc nécessaire de se faire soigner.

---

[1] La prévention de la santé mentale des enfants est abordée dans la brochure *J'ai des soucis dans la tête – Et si on en parlait ensemble ?* (brochure illustrée à destination des 3-11 ans et de leurs familles, éditée par l'association Sparadrap, 3 €, commande possible sur www.sparadrap.org).
La dépression chez les adolescents est abordée dans plusieurs ouvrages, dont celui de Philippe Jeammet, *Réponses à 100 questions sur l'adolescence,* Paris, Éditions Solar, 2002, 272 pages, 18 €.
Gratuit et anonyme, Fil Santé Jeunes (0800 235 236) permet aux jeunes comme aux adultes de poser les questions qu'ils souhaitent. Des médecins et des psychologues y répondront.

La durée de l'épisode dépressif est variable

Elle peut aller de quelques semaines à plusieurs mois, voire plusieurs années. La plupart des épisodes dépressifs durent moins de six mois.

Une guérison est possible, mais le risque de réapparition des symptômes est important

Une guérison totale (disparition de tous les symptômes) et durable est possible. Mais le risque de réapparition de la maladie après guérison totale est très important (dans plus de 50 % des cas). La réapparition des symptômes peut intervenir soit longtemps après le premier épisode, à l'issue d'une rémission (interruption) totale de plusieurs années, soit plus régulièrement, avec une rémission partielle entre les épisodes.

Dans certains cas, les périodes de rémission entre les épisodes peuvent devenir de plus en plus courtes. Cependant, lorsque la personne bénéficie de traitements et d'un suivi adéquats, le risque de réapparition des symptômes et la souffrance **sont largement diminués.** D'où l'intérêt d'une **prise en charge précoce** de la maladie.

Nicole, mère au foyer, 44 ans

« J'avais mal au ventre, à la tête, je ne pouvais plus manger. Je ne pouvais plus sortir dans la rue, je ne pouvais parler à personne, je haïssais tout le monde, même mes enfants. »

QUAND LA DÉPRESSION S'INSTALLE DANS LE TEMPS

Dans certains cas, la période dépressive s'étend sur plusieurs années. On parle alors de **dépression chronique** ou, lorsque les symptômes sont un peu moins nombreux et un peu moins intenses, de **dysthymie.** Les personnes souffrant de dysthymie se décrivent comme tristes en permanence. Les symptômes les plus fréquents sont : une diminution d'intérêt et de plaisir qui provoquent une gêne ou un handicap dans la vie quotidienne ; des sentiments d'insuffisance, d'impuissance, de culpabilité ou des ruminations à propos du passé ; de l'irritation ou des colères excessives.

La personne souffrant de dysthymie peut avoir tendance à s'effacer, à se retirer des activités sociales ; au travail, elle peut présenter une diminution d'activité, d'efficacité et de productivité.
Avec les années, ces troubles deviennent comme partie intégrante de sa vie ou de sa personnalité. Elle dit : *« J'ai toujours été comme ça », « Je suis comme ça »*. Les professionnels de santé et les proches de cette personne courent aussi le risque d'être victimes de cette confusion entre fonctionnement habituel et dysthymie.

Cette maladie **commence souvent de façon discrète et précoce** (enfance, adolescence ou début de la vie adulte). Sa sévérité risque de s'accroître avec les années si elle n'est pas traitée.

LES TROUBLES BIPOLAIRES : UNE FORME QUI ALTERNE DÉPRESSION ET SUREXCITATION

Des épisodes dépressifs peuvent aussi survenir dans le cadre d'un « trouble de l'humeur » appelé **trouble bipolaire** (ou **maladie maniacodépressive**). Dans ce cadre, l'épisode dépressif peut précéder ou suivre un **« épisode maniaque »**, période de surexcitation et d'euphorie excessive qui est une forme « inversée » de la dépression.

Au cours d'un tel épisode, le ralentissement dépressif est remplacé par de l'excitation et de l'agitation, le pessimisme et la tristesse font place à un **optimisme irréaliste** et une **familiarité déplacée.** La personne est envahie par un besoin excessif de parler, de bouger.

Elle ne ressent plus le besoin de dormir et peut dans certains cas avoir des idées délirantes (par exemple, qu'elle est invincible, qu'elle a des pouvoirs extraordinaires...). Cet état provoque des conduites insouciantes ou irresponsables (par exemple des dépenses délirantes), des attitudes déplacées susceptibles d'entraîner des **dégâts considérables** pouvant persister même après la guérison.

L'épisode maniaque n'est pas à prendre à la légère : c'est une **« urgence psychiatrique »**, en raison des risques que la personne fait courir à elle-même et parfois aux autres. La personne peut par exemple être mise temporairement sous sauvegarde de justice, afin de la protéger des actes inconsidérés qu'elle pourrait commettre.

Le traitement de cette maladie chronique est très spécifique, et différent de celui de la dépression.

Quels peuvent être les troubles associés ?

La dépression peut avoir des liens avec d'autres maladies, psychologiques ou physiques. Il peut notamment s'agir :
- de **troubles anxieux** (voir encadré p. 10) : on considère généralement que l'existence d'un trouble anxieux précédant ou associé à la dépression accroît la sévérité de la dépression, ainsi que son risque de survenue ;
- d'**alcoolisme**, de **dépendance à certains médicaments** (**anxiolytiques** ou **hypnotiques**) ou **d'abus de substances psychotropes** (cannabis, ecstasy, cocaïne...) : les personnes souffrant de dépression peuvent être tentées d'abuser de ces substances pour apaiser leur angoisse.

Par ailleurs, l'association d'un trouble dépressif à une **maladie physique grave ou chronique** (diabète, cancer, accident vasculaire cérébral...) peut rendre l'identification et le traitement de la dépression plus difficile (les symptômes de la dépression pouvant être sous-estimés et attribués à l'autre maladie).

Quelles sont les origines de la dépression ?

Face à une dépression, on recherche souvent des explications, et les premières questions qu'on se pose sont : *« Pourquoi moi ? Que s'est-il passé ? À quoi est-ce dû ? Qu'ai-je fait ? »* Notre besoin de comprendre et de donner un sens à ce qui nous arrive est un processus naturel, en particulier à l'occasion d'expériences douloureuses. Il est alors fréquent d'avoir recours à des explications d'apparence vraisemblables. On évoque alors des **causes externes** *(« C'est parce que ça ne va pas dans mon travail », « Quand je n'aurai plus ces problèmes financiers, ça ira mieux », « J'ai besoin de rencontrer quelqu'un pour ne plus être seul(e) »...)* ou bien des **causes internes** *(« C'est de ma faute », « Je suis un(e) bon(ne) à rien », « Je n'ai jamais pu réussir comme les autres »...).*

Pourtant, ces **interprétations** sont le plus souvent très éloignées des « origines réelles » de la dépression. Elles constituent même souvent un frein au processus de soin et de guérison, en nous retenant de consulter un médecin. La dépression, comme la plupart des maladies psychiques, ne provient pas d'un facteur unique. Elle résulte au contraire d'un **ensemble de mécanismes de diverses natures,** encore **imparfaitement connus**.

On distingue habituellement les « facteurs » **biologiques, psychologiques** et **environnementaux** (liés à l'environnement social ou familial). Certains de ces facteurs interviennent très en amont de la dépression, ils « préparent le terrain », on parle alors de **facteurs de risque** (ou **facteurs de vulnérabilité**). Par exemple, le fait d'avoir des parents qui ont souffert de dépression augmenterait le risque d'être touché par la maladie. De même, le fait de vivre des événements traumatisants ou des conflits parentaux importants pendant la petite enfance serait associé à un risque accru de dépression dans la suite de l'existence.

D'autres facteurs interviennent juste avant la dépression, ils la « déclenchent » : on parle alors de **facteurs précipitants**.

LES FACTEURS BIOLOGIQUES

La survenue des symptômes de la dépression est liée à une **perturbation du fonctionnement cérébral**. C'est bien le **fonctionnement du cerveau** qui est atteint, non sa structure. Cette distinction est importante car elle permet de bien comprendre que cette maladie peut être **réversible.**

Ce dysfonctionnement du cerveau se traduit notamment par des **anomalies** dans la fabrication, la transmission et la régulation de certaines substances chimiques : les **neuromédiateurs** (également appelés **neurotransmetteurs**).

Il est difficile de savoir à l'heure actuelle si ces anomalies sont la cause initiale ou bien la conséquence de la dépression. Quoi qu'il en soit, leur correction et la restauration du bon fonctionnement des neuromédiateurs sont indispensables. C'est la principale fonction des médicaments antidépresseurs. On sait aujourd'hui que la psychothérapie entraîne elle aussi ce type d'amélioration biologique si le dérèglement initial est modéré.

Raymond, retraité, 63 ans

« Si par malheur je me réveille la nuit, j'ai mon petit moteur qui se met en route, je n'arrête plus de penser et je n'arrive plus à me rendormir. »

LES FACTEURS PSYCHOLOGIQUES

Des mécanismes psychologiques particuliers sont également impliqués dans la dépression : sentiments de perte, conflits moraux, croyances négatives, mauvaise estime de soi (« *Je ne peux rien faire de bon* », « *Je ne vaux rien* »...).

Certains de ces mécanismes trouvent leur origine **dans l'enfance** (plus ou moins bonne qualité des premières relations avec les parents, premières expériences associées à un sentiment de perte, de solitude, d'impuissance, de culpabilité ou de honte...), d'autres peuvent être liés à des **éléments plus actuels** (traumatismes, deuils liés à la perte d'une personne, d'un idéal ou d'une image de soi).

Certains **styles de comportements** (sur les plans intellectuel, émotionnel, relationnel), ainsi que certains **modes de défense psychologiques** peuvent favoriser l'émergence et le maintien d'une dépression. Ainsi, certaines personnes souffrant de dépression expriment des **croyances négatives** (elles se croient par exemple « incapables » ou « indignes » de faire certaines choses...) ou n'envisagent que des perspectives pessimistes, à la fois pour le monde qui les entoure et pour elles-mêmes. Chez ces personnes, certains événements de la vie quotidienne, analysés sous leur angle le plus négatif, peuvent déclencher automatiquement des pensées dépressives, sans qu'il leur soit possible de faire appel à d'autres expériences plus positives.

Comme nous le détaillerons plus loin (p. 33), c'est en agissant sur ces mécanismes psychologiques problématiques que la **psychothérapie** intervient sur la dépression.

LES FACTEURS LIÉS À L'ENVIRONNEMENT SOCIAL OU FAMILIAL

Certains **événements de la vie** très perturbants ou un **stress excessif et permanent** peuvent favoriser l'apparition d'une dépression. Par exemple, la mort d'un être cher, la perte d'un travail, une rupture affective, des conflits familiaux ou sociaux, une maladie...

En plus des **facteurs précipitants** et des **facteurs de risque**, la présence ou l'absence de **facteurs de protection** dans l'environnement de la personne peut aussi jouer un rôle. Par exemple, la présence de personnes proches réconfortantes et valorisantes ou l'engagement dans des activités personnelles intéressantes peuvent protéger de la dépression ou favoriser la guérison. À l'inverse, l'absence de ces facteurs peut faciliter l'apparition (ou la réapparition) de la dépression.

Quelques questions pour faire le point avant de consulter un médecin

Vous vous demandez s'il est possible que vous (ou un proche) viviez actuellement un épisode dépressif ?

Les questions p. 26-27 peuvent vous aider à faire le point, vous indiquer si cela est probable ou non... mais elles ne vous apporteront pas de certitude absolue. ***Seul un professionnel de santé habilité*** *à établir un diagnostic de dépression pourra vous éclairer de façon précise.*

Le diagnostic de la dépression *est une procédure complexe qui nécessite de prendre en compte l'ensemble des symptômes et de la situation de la personne, ses antécédents, sa personnalité... Comme nous l'avons vu, certains symptômes attribués dans un premier temps à la dépression peuvent être dus en réalité à une autre maladie. À l'inverse, certains symptômes dus à la dépression peuvent faire croire – à tort – à l'existence d'une autre maladie. Seul un professionnel de santé compétent sera capable d'y voir clair.*

Sur la base du diagnostic, vous pourrez le cas échéant définir avec lui ou avec d'autres professionnels de santé ***le traitement le mieux adapté*** *à votre situation.*

POURRAIT-IL S'AGIR D'UNE DÉPRESSION ?

Depuis au moins quinze jours, presque chaque jour, presque toute la journée, éprouvez-vous une tristesse inhabituelle, très douloureuse, qui perturbe votre vie quotidienne ?

Depuis au moins quinze jours, presque chaque jour, presque toute la journée, avez-vous perdu votre intérêt pour la plupart des choses, comme les loisirs, le travail ou les activités qui vous plaisent habituellement ?

• *Si vous n'avez vécu* ***aucun de ces deux états****, il est peu probable que vous traversiez une période de dépression.*

• *Si vous vivez* ***depuis au moins 15 jours l'un de ces états ou les deux****, poursuivez votre questionnement sur la page suivante.*

Ne confondons pas déprime et dépression !

Le terme « dépression » ne s'emploie pas à la légère. Pour faire l'hypothèse d'une dépression, il faut une **association de plusieurs symptômes spécifiques** (voir p. 10-16) générant une **souffrance importante, inhabituelle** et se manifestant :

- **depuis au moins quinze jours ;**
- **presque chaque jour ;**
- **presque toute la journée.**

Par ailleurs, si près de 8 % de la population présente sur une période de 12 mois un épisode dépressif, d'intensité variable, cela signifie que **92 % de la population n'en présente pas** (80 % de la population ne présentera d'ailleurs aucun épisode dépressif au cours de sa vie).

Depuis au moins quinze jours, presque chaque jour, presque toute la journée, vous êtes vous senti(e) épuisée(e) ou sans énergie ?

Depuis quinze jours, avez-vous pris ou perdu du poids – **au moins 5 kg** – sans le vouloir ?

Depuis au moins quinze jours, presque chaque nuit, avez-vous eu des problèmes de sommeil (difficultés à rester endormi(e), réveils très tôt le matin ou, au contraire, excès de sommeil, envie permanente de dormir) ?

Depuis au moins quinze jours, presque chaque jour, presque toute la journée, vous êtes-vous senti(e) plus lent(e) que d'habitude (par exemple pour parler ou pour vous déplacer) ou, au contraire, avez-vous été beaucoup plus agité(e) ou nerveux(se) que d'habitude ?

Depuis au moins quinze jours, presque chaque jour, presque toute la journée, avez-vous eu beaucoup plus de mal à vous concentrer ?

Depuis au moins quinze jours, presque chaque jour, presque toute la journée, vous êtes-vous senti(e) sans valeur ou bon(ne) à rien ?

Depuis au moins 15 jours, presque chaque jour, presque toute la journée, avez-vous beaucoup pensé à la mort, que ce soit la vôtre, celle de quelqu'un d'autre ou la mort en général ?

• *Si vous avez observé chez vous plusieurs de ces symptômes, ceci constitue un signal d'alerte qui doit vous encourager à en* ***parler avec un médecin.***

DEUXIÈME PARTIE

Les solutions thérapeutiques

Oui, la dépression se soigne.

À condition d'en faire la démarche, bien sûr... Il est difficile de se battre seul dans son coin.

Psychothérapie, médicaments : il existe aujourd'hui des traitements efficaces, souvent complémentaires, adaptés à chaque personne et à l'intensité de sa maladie.

Dans cette deuxième partie, vous trouverez des réponses aux questions que vous vous posez sur la **psychothérapie** (« Comment ça marche ? », « Qui en propose ? »,« Dans quels cas est-ce indiqué ? », « Combien de temps ça dure ? », « Comment choisir son praticien ? »...) et sur les **médicaments** (« À quoi servent-ils ? », « Comment agissent-ils ? », « Comment en faire bon usage ? »...).

Quel que soit le traitement, sa mise en œuvre s'appuie toujours sur une **alliance**, un dialogue, une collaboration étroite entre votre (vos) soignant(s) et vous. Vous avez le droit d'être informé, vous pouvez à tout moment poser des questions, exprimer vos attentes, vos craintes... Vous êtes acteur de votre traitement.

Pourquoi le recours au soin est-il indispensable ?

La dépression est une maladie qui, pour des raisons diverses (voir p. 21), est associée à une perturbation du fonctionnement du cerveau : elle affecte l'ensemble de l'organisme ainsi que la personnalité. La volonté seule ne suffit pas pour agir sur une maladie aussi complexe. Un traitement est donc **absolument nécessaire** quand on souffre de dépression.

La nécessité d'un traitement est une idée parfois difficile à accepter. Pour des raisons psychologiques, culturelles, mais aussi pour des raisons liées aux effets de la dépression[1], on a souvent tendance à penser qu'il serait préférable de « s'en sortir par soi-même », que se faire soigner serait une « facilité », qu'il s'agirait d'une victoire de plus de la dépression, dans la mesure où accepter de l'aide reviendrait à renoncer à toute dignité ou lutte personnelle.

Rien n'est plus faux. Contre la dépression, il est **trop difficile de se battre tout seul** : la lutte est trop inégale. Au contraire, se faire soigner, suivre une psychothérapie, un traitement médicamenteux, c'est en réalité redevenir acteur, retrouver le choix, reprendre en main son destin.

Tout traitement s'appuie sur une **alliance**, une collaboration étroite entre le patient et le(s) soignant(s). C'est dans le cadre de cette alliance que sera déterminé le projet de soin. Ce projet tient compte des souhaits du patient qui sera informé sur la nature de ses troubles, leur évolution, les possibilités de prise en charge, la fréquence des consultations.

Accepter un projet de soin ne veut bien sûr pas dire qu'il faille se faire soigner passivement. La guérison d'un trouble psychique nécessite une **participation** et un **engagement importants de la part du malade** (voir p. 71). **Le rôle de l'entourage** ne doit pas non plus être sous-estimé, dans la mesure où il peut protéger un malade qui a perdu confiance en lui (voir p. 61).

[1] La dépression peut générer une culpabilisation et une dévalorisation de soi telles qu'il est alors difficile de demander de l'aide et de croire qu'un traitement peut être utile (voir p. 8 « Les symptômes de la dépression »).

Quelles sont les solutions efficaces ?

Il existe de **nombreux traitements** de la dépression, adaptés à chaque personne et à l'intensité de la maladie (épisode léger, moyen ou sévère) et **souvent complémentaires.**

LA PSYCHOTHÉRAPIE

Qu'est-ce que c'est ? À quoi ça sert ?

La psychothérapie est un traitement à part entière de la dépression. De nombreuses études ont permis d'en prouver l'efficacité et d'en préciser les indications.

Pendant un épisode dépressif, la psychothérapie permet de mieux gérer la maladie, de réduire ses symptômes et leurs conséquences, de donner du sens à ce que l'on vit et de pouvoir envisager de nouveaux projets. Ses premiers effets (un soulagement lié à une écoute adaptée) peuvent se faire sentir immédiatement, les changements durables interviennent au bout de quelques semaines.

Après la guérison d'un épisode dépressif, la psychothérapie sert aussi à prévenir la réapparition des symptômes.

Martine, expert-comptable, 37 ans

« J'ai vu qu'il était neutre, que tout ce que je dirai resterait confidentiel, je me suis sentie en confiance. »

Comment ça marche ?

Il existe différentes méthodes de psychothérapie privilégiant des formes particulières d'intervention. Mais quelle que soit la méthode utilisée, la psychothérapie est avant tout fondée sur **un échange de personne à personne** qui s'instaure grâce à l'écoute, la bienveillance, l'absence de jugement et la compréhension du praticien. Celui-ci est par ailleurs tenu au **secret professionnel**. La qualité de la relation, le **sentiment d'être accueilli et compris** dans ce que l'on vit et ressent sont des éléments déterminants de toute psychothérapie.

La psychothérapie s'appuie dans la plupart des cas sur un échange verbal, mais pas n'importe lequel. Il ne s'agit pas d'une « discussion » du type de celles que l'on a dans la vie de tous les jours. Il s'agit d'une relation particulière où un **professionnel formé** à l'écoute et à la compréhension des problèmes psychologiques propose, dans un cadre conçu pour cela, d'aborder ces problèmes d'une manière spécifique, différente de la nôtre et de celle que nos proches peuvent nous proposer. Une des règles essentielles de cette relation est de **permettre l'expression** de ce que nous vivons, ressentons et pensons en toute liberté, **sans craindre d'être jugé** ou critiqué. On pourra par exemple aborder des situations ou des émotions qui nous effraient, se pencher sur nos « zones d'ombre » et parler de choses très difficile à aborder, même avec nos proches.

Le praticien est là pour entendre la souffrance, les difficultés, les doutes ; il favorise l'expression de ce qui est réellement ressenti et nous **aide à mettre des mots sur notre vécu** en utilisant différentes techniques : questions ouvertes, reformulation des problèmes, exercices de mise en situation, espaces de silence. Le praticien nous propose donc un face-à-face avec nous-mêmes en toute confiance, dans un cadre sécurisant. Tout est fait pour aller au-delà d'où nous avons l'habitude d'aller ; nous pouvons alors nous **regarder d'une autre façon,** prendre conscience de nouvelles choses, aborder nos problèmes d'une façon différente, trouver de nouvelles réponses et des solutions efficaces.

Pour favoriser ce changement, le praticien peut aussi intervenir de façon plus active ; il peut nous inviter à parler d'un sujet particulier, nous transmettre sa compréhension du problème ou nous donner certaines explications, nous faire des recommandations, nous inviter à faire certains exercices (dans son cabinet, chez nous ou à l'extérieur)... Selon le praticien et la situation de la personne, **différents modes d'intervention** pourront être mis en œuvre. Ces modes d'intervention sont en effet adaptés à la personne qui consulte (à sa personnalité, à ses problèmes, à son type de dépression) et à la singularité de chaque situation de soin ; ils peuvent également évoluer en fonction des moments de la psychothérapie.

Francis, plombier, 51 ans

« C'est mon médecin généraliste qui m'a conseillé d'aller la voir. Avec elle, je me suis senti à l'aise, j'ai dit des choses dont je n'avais parlé avant. Parler à une personne étrangère à ma famille, à une professionnelle expérimentée, ça m'a fait du bien. »

Qui en propose ?

Les psychiatres : ce sont des médecins spécialisés qui ont reçu, après leurs études de médecine, un enseignement supplémentaire de quatre ans sur les maladies mentales et leurs traitements.

Les psychologues : ils ont effectué cinq années de psychologie à l'université et possèdent un diplôme de 3e cycle (DEA, DESS ou master). Contrairement aux psychiatres, les psychologues ne sont pas médecins. Les séances chez un psychologue ne sont remboursées par l'Assurance maladie que dans les établissements publics (voir p. 53).

Quel que soit le professionnel rencontré, n'hésitez pas à échanger avec lui sur la formation qu'il a suivie.

Dans quels cas est-ce indiqué ?

La psychothérapie est un traitement **toujours pertinent** en cas de dépression, quel que soit le type de dépression, son niveau de sévérité ou son ancienneté. Elle peut être utilisée **seule** (dans le cas d'épisodes dépressifs d'intensité légère) ou **conjointement aux médicaments antidépresseurs** ou à d'autres traitements. En cas de dépression sévère en phase active, un soutien psychologique sera proposé, mais le travail de psychothérapie ne pourra débuter qu'une fois l'intensité de la souffrance diminuée par le traitement médicamenteux.

La psychothérapie n'est **en aucun cas limitée à une catégorie sociale,** un âge ou un sexe particulier.

Il est recommandé de **consulter dans les meilleurs délais,** afin d'éviter une persistance et une aggravation éventuelles de la maladie qui rendraient le traitement plus difficile, accroîtraient inutilement la souffrance et risqueraient de « chroniciser » les troubles (de les installer dans la durée).

Cependant, le nécessaire engagement du patient dans la psychothérapie fait qu'on ne « reçoit » pas une psychothérapie comme on peut « recevoir » des médicaments. C'est la raison pour laquelle, même si celle-ci peut vous être recommandée, **un désir d'entreprendre ce travail psychologique est nécessaire** pour commencer une psychothérapie.

Combien ça coûte ?

Les prix peuvent varier selon les praticiens. Renseignez-vous lors de la prise de rendez-vous.

Combien de temps ça dure ?

La durée d'une psychothérapie de la dépression **peut beaucoup varier** en fonction du type de dépression, de sa sévérité et de la situation de la personne qui consulte. Si 15 à 20 séances suffisent dans les situations « simples », un suivi plus long peut être nécessaire si la dépression est associée à d'autres difficultés, qu'elles soient corporelles, psychologiques, sociales, relationnelles... L'évaluation initiale (après quelques séances) et une réévaluation régulière, menée en concertation avec le patient, permettent au praticien d'informer ce dernier sur la durée envisageable.

La **fréquence des séances** est généralement d'une par semaine, mais elle peut être plus ou moins élevée, selon les besoins et les phases de la psychothérapie.

La **durée de chaque séance** se situe souvent entre 30 et 60 minutes, mais peut également varier en fonction des mêmes impératifs. En cas d'épisodes dépressifs récurrents (répétés), le suivi psychothérapique peut être prolongé et les séances espacées ; cette psychothérapie au long cours permet de diminuer le risque de réapparition des symptômes ainsi que leur intensité.

Comment choisir son praticien ?

La qualité de la relation entre le patient et le praticien est un élément essentiel à la réussite d'une psychothérapie. Il est donc primordial de choisir un praticien disposant de la **formation et des compétences requises** pour soigner la dépression **et avec qui l'on se sent à l'aise.** Le médecin traitant peut orienter vers un professionnel qu'il connaît.

À l'occasion des premières séances, même si l'on se sent anxieux, nerveux ou très préoccupé par ses problèmes, n'hésitez pas à prendre le temps de vous informer et d'aborder avec le praticien un certain nombre de questions portant notamment sur :

- **sa formation**

La psychothérapie est une activité qui requiert un haut niveau de compétence et ne peut s'improviser. Quelle que soit sa formation initiale (voir p. 48-51), il est important que le praticien ait suivi une formation spécifique reconnue.

- **les modalités pratiques de la psychothérapie**

Quelles sont la durée, la fréquence et le prix des séances ?
Que se passe-t-il si on ne peut pas se présenter à un rendez-vous ?
Que faire en cas d'urgence ?

Quelques séances peuvent être nécessaires au praticien pour être en mesure de répondre aux questions concernant l'amélioration des troubles (« À partir de quand peut-on espérer une amélioration ? Une guérison ? »).

Est-ce que c'est difficile ?

Le travail psychologique passe par un face-à-face avec soi-même, ses problèmes, ses émotions, sa souffrance ; on peut craindre que cette confrontation soit douloureuse et tenter de l'éviter. Les moments d'incertitude, les sentiments de plus grande vulnérabilité et le vécu d'émotions intenses sont en effet présents lors du processus de soin. Ils sont associés à de brèves périodes de déstabilisation. Le thérapeute peut alors proposer un **soutien plus rapproché** pour valoriser les efforts mis en œuvre, même si ces derniers ont pu conduire à une rechute momentanée.

La psychothérapie vise à la mise en place de **changements durables.** Or tout changement suppose l'abandon d'habitudes et d'automatismes, ce qui n'est pas toujours évident à accepter. En réalité, les progrès de reconstruction, de reprise de confiance en soi et l'apaisement qui résultent du travail psychologique sont suffisamment importants et profonds pour percevoir que l'aventure de la psychothérapie en vaut la peine.

Est-ce que c'est efficace ?

Oui. Des études ont **prouvé l'efficacité** de différents types de psychothérapies sur différents types de patients souffrant de différents types de dépressions.

Dans de nombreux cas, la psychothérapie **peut conduire à la guérison complète et durable.** Dans d'autres cas, elle procure une amélioration des symptômes dépressifs et anxieux, ainsi qu'une diminution de la fréquence des épisodes dans les cas de dépressions « récidivantes ». Dans tous les cas, la psychothérapie contribue de façon significative à **l'amélioration de la condition et de la qualité de vie** de la personne.

Est-ce que c'est pris en charge ?

Les conditions de remboursement par l'Assurance maladie ou les assurances complémentaires varient selon le praticien (voir p. 55).

LES MÉDICAMENTS ANTIDÉPRESSEURS

Il existe différents degrés d'intensité dans les dépressions. Toutes les dépressions ne nécessitent pas de traitement par médicaments antidépresseurs.

Aurélie, comédienne, 29 ans

« Les médicaments, je dois dire que ça m'a aidée. Ça n'a pas résolu tous mes problèmes, mais ça m'a permis de dormir, de tenir le choc physiquement, d'écarter un peu mes peurs, mes idées noires. »

À quoi servent-ils ?

L'objectif du traitement par médicaments antidépresseurs est la réduction significative des symptômes dépressifs et de leurs conséquences dans la vie quotidienne. Les médicaments antidépresseurs améliorent les symptômes de la dépression à l'issue d'environ 3 à 4 semaines de **traitement continu.** Ils aident généralement à restaurer le fonctionnement normal du sommeil, de l'appétit, à retrouver l'initiative, une perception positive de la vie... Ce fonctionnement normal persiste après l'arrêt du traitement.

Comment agissent-ils ?

Les mots en couleur sont définis p. 84

Les médicaments antidépresseurs sont des **molécules** qui agissent au niveau du cerveau, plus précisément sur les extrémités des neurones (appelées **synapses**), à travers lesquelles les neurones communiquent les uns avec les autres. Cette communication entre neurones se fait sous forme de « messages » chimiques appelés **neurotransmetteurs** ou **neuromédiateurs** (par exemple, la sérotonine ou la noradrénaline).

Les médicaments antidépresseurs agissent par divers mécanismes. Aucun médicament ne mobilise à lui seul tous ces mécanismes. En fonction des symptômes de la dépression, de l'efficacité ou de l'échec de tel ou tel médicament antidépresseur prescrit dans le passé, le médecin peut proposer un traitement antidépresseur dont le mode d'action est **le plus adapté à chaque situation.**

Les médicaments antidépresseurs peuvent avoir un ou plusieurs mécanismes d'action en commun, tout en ayant des **effets indésirables** très différents les uns des autres. Un médecin qui décide de changer de traitement parce que son patient présente des effets indésirables peut donc proposer un antidépresseur dont l'effet thérapeutique est similaire mais dont les effets indésirables sont différents.

Comment en faire bon usage ?

Quelle est la durée du traitement ? Quel est le délai d'action ?
En raison de la complexité des mécanismes d'action des antidépresseurs, il faut souvent attendre quelques semaines (généralement 3 ou 4, parfois un peu plus) avant d'en ressentir les effets bénéfiques.

Le traitement d'un épisode dépressif comporte deux phases :

- la phase aiguë, dont l'objectif est la disparition des symptômes, dure de six à douze semaines ;
- la phase de consolidation, dont l'objectif est de stabiliser l'amélioration des symptômes, dure entre quatre et six mois (en fonction des symptômes et du nombre d'épisodes précédents). L'arrêt du traitement pendant cette période critique fait courir un risque très élevé de réapparition des symptômes. C'est pour cela qu'il est indispensable de poursuivre le traitement, même après la disparition des symptômes, conformément à l'avis du médecin.

Comment arrêter le traitement ?

Les médicaments antidépresseurs ne créent pas de dépendance physique. Toutefois, il peut être difficile d'envisager d'arrêter le traitement. Dans tous les cas, l'arrêt doit être progressif et « préparé » avec le médecin. Il se déroule habituellement sur quelques semaines. Si, pendant cette période d'arrêt progressif, les symptômes réapparaissent, il est nécessaire de consulter immédiatement son médecin qui proposera habituellement de reprendre le traitement à la dose efficace.

François, gérant de supermarché, 44 ans

« Avec mes médicaments, ce n'est pas le "ciel bleu et les petits oiseaux", mais j'ai comme une espèce de distance, d'indifférence. Les choses qui me harcelaient avant ont davantage tendance à glisser. Ce qui fait que ça fait moins mal. Et ça, c'est important en soi. »

Quelles sont les conséquences d'un arrêt trop brutal du traitement ?

Quelques symptômes peuvent apparaître en cas d'arrêt brutal d'un traitement antidépresseur : anxiété, irritabilité, syndrome pseudo-grippal (frissons, fièvre, fatigue, mal aux muscles…), cauchemars, insomnie, nausées, sensations de vertiges… Ces symptômes ne doivent pas être confondus avec ceux de la dépression.

Ils apparaissent généralement dans les quatre jours suivant l'arrêt et durent rarement au-delà d'une semaine.

Pourquoi un suivi médical lors d'un traitement antidépresseur ?

Un suivi régulier par un médecin est nécessaire lorsque l'on prend un traitement antidépresseur. Le suivi est particulièrement utile :

• quelques jours après la mise en route du traitement et au cours des deux premières semaines pour faire un point sur la tolérance du médicament et l'évolution des problèmes ;

• vers quatre semaines après la mise en route du traitement pour faire un point sur son efficacité ;

• régulièrement durant les six-huit mois qui suivent la mise en route du traitement (période pendant laquelle le risque de réapparition des symptômes est maximal).

En cas d'idées de mort ou de suicide, d'accentuation de l'anxiété ou de l'angoisse, ou au contraire d'une excitation ou d'un trop-plein d'énergie, il est important d'en parler à un professionnel.

De façon générale, tout traitement antidépresseur doit être accompagné d'informations sur la dépression et le traitement et d'un soutien relationnel. La qualité de la relation établie entre le médecin et la personne est déterminante.

Peut-on associer d'autres médicaments aux antidépresseurs ?

Pour soulager rapidement l'angoisse, le médecin peut prescrire en début de traitement un médicament **anxiolytique** (« tranquillisant »). Mais cette prescription doit être temporaire. Les anxiolytiques ne soignent pas la dépression et ne doivent pas être pris pendant plus de quelques semaines. Au-delà, leur action est diminuée et le risque de dépendance physique est réel (ce qui n'est pas le cas, on l'a vu, avec les antidépresseurs). Parfois, en fonction du type de dépression, d'autres médicaments pourront être prescrits, notamment des stabilisateurs de l'humeur.

Que faire en cas d'effets indésirables des antidépresseurs ?
Comme tout médicament, les médicaments antidépresseurs peuvent avoir des **effets indésirables**. Selon les types de médicaments, ces effets indésirables peuvent par exemple être : la somnolence (ou au contraire l'excitation), la constipation, la prise ou la perte de poids, la sécheresse de la bouche, les baisses de tension, les difficultés sexuelles…

Chez les personnes âgées, il existe des risques importants de baisse de pression artérielle en position debout qui peut être gênante, particulièrement si elles éprouvent des troubles de l'équilibre. Une surveillance médicale particulière est nécessaire chez ces patients.

Il est indispensable de parler de ces possibles effets indésirables avec le médecin au moment de la prescription de l'antidépresseur et de lire attentivement la notice du médicament.

Les effets indésirables évoqués par le médecin ou la notice du médicament ne surviennent pas chez tous les patients et ne sont pas tous obligatoirement présents chez une même personne. Certains de ces effets indésirables sont liés au mécanisme d'action de l'antidépresseur. Un grand nombre de ces effets vont disparaître avec la poursuite du traitement, il existe par ailleurs très souvent des solutions pour corriger ces effets.

Lorsqu'ils sont très désagréables, il faut aborder avec son médecin l'éventualité d'un changement d'antidépresseur.

LES AUTRES THÉRAPIES

D'autres thérapies, plus spécifiques, peuvent parfois être proposées pour certaines formes de dépression (dépression modérée, dépression sévère, dépression de type saisonnier...). Pour plus d'informations sur ces thérapies : www.info-depression.fr

Le millepertuis : une plante à utiliser avec précaution

Le **millepertuis** est une plante parfois utilisée en cas de « manifestations dépressives » légères et provisoires, mais ce n'est pas un traitement pour les **épisodes dépressifs caractérisés**, même d'intensité légère. Bien qu'il soit actuellement en vente libre en France, le millepertuis ne doit en aucun cas être pris à la légère, comme une sorte de « tisane antidépressive ». Il présente en effet le sérieux inconvénient d'interagir avec de très nombreux médicaments, dont certains antidépresseurs. Il est donc très important d'informer le médecin de l'utilisation éventuelle de ce produit.

En complément des traitements évoqués dans ce chapitre, il est bien sûr aussi très important pour la personne souffrant de dépression **de prendre soin d'elle** : des **actions de soin complémentaires** que l'on peut mettre en place soi-même (pratique de certaines activités physiques, régime alimentaire équilibré, vigilance vis-à-vis de l'alcool et des substances addictives...) peuvent **améliorer la qualité de vie** de la personne. Ces actions sont évoquées dans le chapitre « Ce qu'on peut faire par soi-même » (voir p. 71).

Quand l'hospitalisation est-elle nécessaire ?

La plupart des formes de dépression peuvent être soignées sans avoir besoin d'aller à l'hôpital. L'hospitalisation peut cependant s'imposer **en cas de dépressions sévères, de traitements complexes nécessitant un suivi médical particulier** ou lorsque le patient **est en danger** et nécessite une prise en charge (risque de suicide, perte d'autonomie…).

L'hospitalisation a par elle-même **une vertu « soignante »**. Espace éloigné du contexte dans lequel s'est développée la dépression, le lieu d'hospitalisation est un cadre dans lequel il est enfin « possible d'être malade », sans chercher à cacher sa maladie. La personne hospitalisée peut alors se concentrer sur elle-même et sur son traitement.

La durée de l'hospitalisation nécessaire en cas de dépression **dépend de la gravité** du trouble. En règle générale, une hospitalisation comprise entre quinze jours et trois semaines est suffisante.

TROISIÈME PARTIE

Où et qui consulter

Savoir où et à quels professionnels s'adresser, c'est essentiel lorsqu'on souffre de dépression, d'autant que la prise en charge de la maladie est parfois complexe et fait appel à de multiples acteurs qui n'ont ni les mêmes compétences ni les mêmes qualifications.

Dans cette troisième partie, vous trouverez les réponses les plus claires possibles aux principales questions que vous serez éventuellement amené à vous poser :

- Qui consulter pour un diagnostic de la dépression ?
- Qui consulter pour des traitements ?
- Où consulter ?
- Quelles sont les possibilités de remboursement des soins ?
- Peut-on bénéficier d'un arrêt de travail ?

Qui consulter pour un diagnostic de la dépression ?

LE MÉDECIN GÉNÉRALISTE

Le médecin généraliste est souvent le premier interlocuteur pour les problèmes de santé. Depuis la récente réforme de l'Assurance maladie, c'est souvent lui que l'on choisit comme médecin traitant.

Il est **compétent pour diagnostiquer** les problèmes de santé mentale (notamment la dépression) et pour **proposer un traitement adapté.**

Il peut également **orienter vers un professionnel** en santé mentale.

LE PSYCHIATRE

Les mots en couleur sont définis p. 84

Le psychiatre est un médecin spécialisé qui a reçu, après ses études de médecine, un enseignement supplémentaire de quatre ans sur les maladies mentales et leurs traitements.

En tant que médecin, il est habilité à **prescrire des médicaments,** des examens et des soins, et à rédiger des certificats médicaux.

Il peut aussi **proposer une psychothérapie.** Celle-ci peut être réalisée avec lui ou avec un autre professionnel.

Une consultation de psychiatrie dure environ trente minutes. Elle comporte toujours un échange verbal approfondi et peut être accompagnée, si nécessaire, d'une prescription médicamenteuse.

Jean-Luc, restaurateur, 46 ans

« J'ai attendu longtemps pour aller consulter ; quand j'y pense, je me dis que j'ai été idiot, j'aurais gagné du temps si j'étais tout de suite allé demander à mon médecin traitant ce qu'il pouvait faire pour moi, ou s'il ne pouvait pas me diriger vers un spécialiste. »

Qui consulter pour des traitements ?

Une fois le diagnostic posé, le **médecin généraliste** et/ou le **psychiatre** peuvent assurer eux-mêmes la prise en charge thérapeutique.

En fonction de la situation et des souhaits du patient, ils peuvent également orienter vers **d'autres professionnels,** des **psychologues** par exemple.

Le **psychologue** a effectué cinq années de psychologie à l'université et possède un diplôme de 3e cycle (DEA, DESS ou master). Il est habilité à effectuer un bilan de personnalité à l'aide de tests et d'un questionnement approfondi. Il effectue des entretiens cliniques et peut aussi réaliser des psychothérapies.

En revanche, **le psychologue n'est pas un médecin :** il ne peut donc pas prescrire de médicaments et les séances chez un psychologue ne sont remboursées par l'Assurance maladie que dans les établissements publics (voir p. 53).

Comme tous les professionnels de santé, le médecin généraliste, le psychiatre et le psychologue sont tenus au **secret professionnel.** On peut donc leur parler en toute confiance.

Blandine, employée de banque, 53 ans

« Parler avec mon mari, ce n'était pas suffisant, j'avais besoin d'une aide à l'extérieur.
C'était un psychiatre, je pensais qu'il me donnerait juste des médicaments, mais il m'a aussi proposé une psychothérapie. »

Où consulter ?

Il est possible de recevoir des soins de santé mentale au sein d'un **service public** (hôpital général ou spécialisé, Centre médico-psychologique…), dans un établissement du **secteur privé participant au service public** (hôpital ou consultation gérés par une association) ou dans le **secteur privé** (cabinet médical, clinique psychiatrique). Quel que soit le lieu, les professionnels ont la même formation.

LE SECTEUR PRIVÉ : PROFESSIONNELS LIBÉRAUX ET CLINIQUES

Le secteur privé regroupe essentiellement les **professionnels exerçant en cabinet libéral** (psychiatres, psychologues…) et les **cliniques privées** de santé mentale.

Il existe en France environ 125 cliniques neuropsychiatriques privées. Quelques-unes sont spécialisées dans la prise en charge de certaines maladies, dont la dépression. La plupart d'entre elles sont « conventionnées », c'est-à-dire qu'elles permettent de bénéficier d'une certaine prise en charge par l'Assurance maladie et les assurances complémentaires. Les tarifs, ainsi que les conditions d'admission et de prise en charge des frais, sont variables d'un établissement à l'autre ; mieux vaut donc se renseigner au préalable.

LE SERVICE PUBLIC : ORGANISÉ EN « SECTEURS »

Les services publics de psychiatrie sont « **sectorisés** ». Tous les départements français sont divisés en zones géographiques appelées **secteurs.** Chaque secteur regroupe plusieurs établissements de soins autour d'un service hospitalier. Dans chaque secteur, une équipe coordonnée assure tous les soins de santé mentale pour la population habitant cette zone. Il est donc possible d'être suivi par plusieurs établissements du secteur en même temps : les soins qui y sont pratiqués sont complémentaires et les équipes soignantes travaillent en liaison.

Pour connaître votre secteur, adressez-vous à l'hôpital le plus proche ou à la mairie.

On peut trouver dans un secteur différents types d'établissements :

- **les Centres médico-psychologiques (CMP) :** ce sont des établissements implantés en ville, en dehors d'un hôpital. Ils proposent des consultations à toutes les personnes qui le souhaitent, quelle que soit la sévérité de leurs troubles, qu'elles soient venues spontanément ou qu'elles aient été adressées par un médecin.
L'équipe du CMP est composée de psychiatres, d'infirmiers, de psychologues, d'assistantes sociales. Elle coordonne l'accueil et les soins et peut proposer des psychothérapies, des ateliers en groupe et parfois des visites à domicile.
Pour bénéficier de ces soins, il suffit de téléphoner pour prendre rendez-vous ou de se rendre directement sur place (les coordonnées des CMP figurent dans l'annuaire, sous la rubrique « Centres médicaux et sociaux, dispensaires ») ;

- **l'hôpital de jour :** ce type d'établissement, souvent situé au sein d'un centre hospitalier, propose des soins pendant la journée (d'une à plusieurs demi-journées par semaine) ; la personne rentre chez elle tous les soirs. Le patient y est adressé par son psychiatre ;

- **l'hôpital (ou « unité d'hospitalisation ») :** l'hospitalisation à temps plein est nécessaire lorsque l'état de santé de la personne nécessite des soins ou une surveillance 24h/24 (voir p. 44). Elle peut être continue ou discontinue (les week-ends, les nuits). Les unités d'hospitalisation peuvent être situées au sein d'un hôpital spécialisé (un établissement public de santé mentale), au sein d'un hôpital général, ou sur un site autonome, en ville ;

- **les Centres d'accueil et de crise (CAC) :** ils permettent d'accueillir sans rendez-vous, de soigner et d'orienter des personnes en état de crise. Ils peuvent éventuellement proposer une hospitalisation de courte durée. Ils assurent une permanence téléphonique et des consultations gratuites, le plus souvent 24h/24 et 7j/7. On les trouve principalement dans les grandes villes.

Sandra, vendeuse, 39 ans

« En allant voir un professionnel, j'ai découvert comment ça peut aider de pouvoir s'ouvrir entièrement, sans avoir rien à cacher, de pouvoir se confier à quelqu'un et dire : "Voilà, je ne suis pas bien". »

Quelles sont les possibilités de remboursement des soins ?

Les soins pour épisode dépressif sont pris en charge par l'Assurance maladie et les assurances complémentaires, au même titre que toute autre maladie.

Tous les soins, médicaments et psychothérapies – y compris les consultations de psychologues – **dispensés dans les établissements du secteur public** (CMP, hôpitaux de jour, etc.) sont pris en charge par l'Assurance maladie.

Les **consultations de médecin généraliste ou de psychiatre en cabinet privé** sont remboursées selon les conditions définies dans la réforme du parcours de soin.

Médecin traitant et parcours de soins

Chaque Français de plus de 16 ans doit choisir et déclarer auprès de sa Caisse d'assurance maladie son médecin traitant. **Tout médecin** peut remplir ce rôle (médecin de famille ou autre, généraliste ou spécialiste, conventionné ou non), à condition qu'il vous donne son accord. L'essentiel pour vous est de privilégier le professionnel de santé qui vous connaît le mieux.
Le médecin traitant est au cœur du dispositif du **parcours de soins** coordonnés et personnalisés. C'est lui qui détermine, lors de votre consultation, s'il est nécessaire de vous orienter vers un autre médecin.

Dans le cadre du parcours de soin, pour bénéficier du taux optimal de remboursement, il est nécessaire de consulter son **médecin traitant** avant d'aller consulter un psychiatre (sauf pour les personnes de moins de 26 ans, qui peuvent s'adresser directement à un psychiatre, sans perdre le bénéfice du taux habituel de remboursement des soins).

Les tarifs des consultations de psychiatres sont variables :

• les psychiatres **conventionnés en secteur 1** (environ 6 psychiatres sur 10) ont des honoraires fixés. L'Assurance maladie prend en charge 70 % de la consultation. Les 30 % restants (le « ticket modérateur ») sont à la charge de la personne ou de son assurance complémentaire, sauf pour les personnes exonérées du ticket modérateur au titre de l'ALD n° 23 (« Affections psychiatriques de longue durée ») ;

• les psychiatres libéraux **conventionnés en secteur 2** déterminent eux-mêmes leurs tarifs. Mais ils s'engagent à le faire avec « tact et mesure » et le patient est toujours remboursé sur la base du tarif de secteur 1 (soit 70 % de la consultation de secteur 1 prise en charge par l'Assurance maladie). Certaines assurances complémentaires, en fonction de la formule choisie, peuvent rembourser les dépassements d'honoraires (en partie ou totalement), au moins pour un certain nombre de consultations chaque année ;

• d'autres psychiatres exercent **en dehors de la convention**. Ils fixent librement leurs honoraires, et ceux-ci ne sont remboursés par l'Assurance maladie que sur la base d'un montant forfaitaire (actuellement 1,46 euros).

Les consultations de psychologues non médecins en cabinet privé ne sont pas remboursées par l'Assurance maladie, mais certaines assurances complémentaires, selon la formule choisie, proposent le remboursement, au moins partiel, d'un certain nombre de séances.

Peut-on bénéficier d'un arrêt de travail ?

Un arrêt de travail en cas de dépression peut être prescrit par le médecin, surtout en début de traitement. Il peut y avoir trois raisons à cela, qui relèvent soit **de la maladie**, soit **de son traitement**, soit **du travail lui-même** :

• la dépression, en raison de ses symptômes, peut rendre temporairement impossible la poursuite d'une activité professionnelle. En effet, elle peut diminuer de manière importante l'initiative, la concentration, la mémoire et, surtout, modifier profondément les relations avec les autres personnes ;

• le médecin, dans certains cas, peut choisir de prescrire un médicament calmant. De ce fait, surtout en début de traitement, la poursuite d'une activité professionnelle peut être difficile et la conduite automobile peut s'avérer dangereuse ;

• le travail lui-même peut parfois avoir une influence néfaste sur la dépression (par exemple dans le cas d'un harcèlement ou d'activités particulièrement stressantes). Il n'est cependant pas toujours possible de prendre de la distance avec son travail, même si celui-ci est identifié comme un facteur déstabilisant. Dans ce cas, il faudra demander à rencontrer rapidement le médecin du travail afin de préparer au mieux le retour à la vie professionnelle.

Toutefois, et dans la plupart des cas, l'arrêt de travail ne sera pas poursuivi très longtemps. L'activité et les liens professionnels sont un élément d'équilibre et de construction de l'identité, un facteur de socialisation essentiel et un moteur de confiance en soi. Le travail peut en cela favoriser la guérison.

Qu'est-ce que le temps partiel thérapeutique ?

Une reprise du travail avant la guérison totale de l'épisode dépressif est le plus souvent considérée comme pouvant favoriser la guérison. Toutefois, la persistance de manifestations de la maladie (fatigue, difficultés de concentration...) peut indiquer que la personne ne peut être à son plein rendement et qu'une surcharge de travail risque de précipiter la réapparition des symptômes.
Dans ce cas, il est parfois possible de travailler à temps partiel en percevant tout ou partie de ses indemnités journalières*. Un **temps partiel thérapeutique** (on parle habituellement de « mi-temps thérapeutique ») nécessite **l'avis de trois médecins** (le médecin traitant, le médecin conseil de l'Assurance maladie, le médecin du travail) et **l'accord de l'employeur.**
Pour être accordé, il doit s'intégrer dans un projet de soin précis conduisant à terme à une reprise du précédent emploi à temps complet.

* Sommes versées par l'Assurance maladie en cas d'arrêt de travail, auxquelles peut s'ajouter un complément de salaire par l'employeur ; ce complément varie en fonction du statut de l'employé et de la convention collective de sa branche de travail.

QUATRIÈME PARTIE

Le rôle de l'entourage

Un de vos proches souffre de dépression ?

Cette expérience, si douloureuse pour lui, peut être également difficile à vivre pour vous, pour deux raisons principales :

- la dépression est très difficile à comprendre, souvent perturbante et génératrice d'anxiété pour ceux qui ne l'ont pas vécue de l'intérieur ;
- il s'agit pour vous de trouver votre « juste place » entre votre proche et son (ses) soignant(s).

Vous ne pouvez pas vous substituer au médecin ou au thérapeute de votre proche, mais vous avez un rôle essentiel dans le soutien que vous pouvez lui apporter :

- en comprenant que la dépression est une maladie et en apprenant à détecter ses signes ;
- en aidant votre proche à consulter et à suivre un traitement approprié ;
- en le soutenant à « bonne distance », sans l'étouffer ou l'infantiliser ;
- en évoquant au besoin avec lui, pour mieux les prévenir, les éventuelles idées de suicide ;
- en prenant soin de vous-même pour que votre aide reste la plus efficace possible.

Comment réagir face à la dépression d'un proche ?

REPÉRER LA DÉPRESSION CHEZ UN PROCHE ET COMPRENDRE QU'IL S'AGIT D'UNE MALADIE

Seul le diagnostic d'un médecin peut établir de manière précise si votre proche souffre ou non de dépression. Cette maladie peut avoir différents degrés de gravité. Il est en effet très difficile d'identifier la maladie car certains de ses symptômes ressemblent superficiellement à l'expression d'émotions « courantes » (tristesse, découragement…) que tout le monde ressent et parvient généralement à surmonter.

Il est cependant possible de repérer les différences entre un découragement passager et une dépression. Dans le cas d'une dépression, d'autres signes se manifestent, en même temps et sur une longue durée : insomnie, troubles de la concentration ou de la mémoire, désintérêt pour les sujets ou les activités qui motivent habituellement la personne, grande difficulté à se lever le matin, souffrance accentuée au petit matin (voir p. 8-14).

AIDER SON PROCHE À CONSULTER ET À SUIVRE UN TRAITEMENT APPROPRIÉ

Il est dans l'intérêt de votre proche de **consulter un médecin le plus rapidement possible.** Vous pouvez l'y aider en l'encourageant à effectuer cette démarche. Vous pouvez au besoin l'aider à trouver un professionnel de santé, à prendre rendez-vous et éventuellement l'accompagner.
Si la situation vous semble grave et que votre proche est incapable de se décider, n'hésitez pas à appeler vous-même son médecin traitant pour une visite à domicile ou, dans les cas les plus extrêmes, à composer un numéro d'urgences médicales (voir p. 87-88).

Si vous êtes amené à contacter vous-même un professionnel de santé pour votre proche, **ne lui dissimulez pas la réalité de sa souffrance** (ou le risque suicidaire éventuel). Parlez-lui des symptômes qui vous inquiètent.

Votre proche peut avoir besoin que vous le souteniez dans son projet de soins. Vous pouvez ainsi le soutenir si nécessaire pour **bien suivre le traitement** qui lui a été prescrit et l'inciter à consulter à nouveau avant de prendre une décision d'arrêt. En revanche, il serait tout à fait préjudiciable que vous l'incitiez à prendre un traitement qui a été efficace pour quelqu'un d'autre ou pour vous-même.

Si une **hospitalisation** a été préconisée par le médecin, assurez votre proche de votre présence, de votre soutien et de votre disponibilité durant la période d'hospitalisation : celle-ci peut être nécessaire en cas de dépression sévère (voir p. 44).
Il peut être utile d'accompagner votre proche s'il a besoin d'aide pour les formalités d'admission. Il est parfois utile de préserver la tranquillité de la personne dépressive en suspendant temporairement les visites et les contacts téléphoniques. Si cela s'avère nécessaire, le personnel de l'hôpital pourra proposer à l'entourage cet aménagement.

SOUTENIR SON PROCHE

• Pour être efficace, ce soutien suppose le respect d'une « bonne distance » avec la personne dépressive, une **présence bienveillante mais pas « étouffante »,** de l'affection, de l'écoute et de la patience. **Il ne sert à rien d'accabler** votre proche de « bons conseils » *(« Si j'étais toi, je ferais... »)* ou d'injonctions *(« Ne te laisse pas aller ! », « Bouge-toi un peu au lieu de traîner au lit tous les matins ! »...)*. Ils ne feront en effet qu'aviver ses sentiments de culpabilité et d'impuissance. Souvenez-vous que la dépression est une maladie : demanderiez-vous à une personne atteinte de la grippe d'arrêter d'avoir de la fièvre ? En revanche, vous pouvez **rassurer** votre proche en lui disant (en lui répétant au besoin) que vous comprenez ses difficultés, qu'il n'est pas fou, que la dépression est une maladie qui touche beaucoup de monde et que l'on peut s'en sortir avec de l'aide et du temps.

• Pour encourager votre proche à vous parler, il est préférable que vous gardiez une attitude « ouverte », et que vous l'écoutiez avec attention et **patience** (même s'il a tendance à « ressasser » ou à rester sourd aux apaisements que vous venez de lui prodiguer). Il est également important que vous vous montriez sensible aux efforts faits par votre proche et que vous les souligniez (par la parole, un geste ou un sourire) afin de le **valoriser**.

Annick, amie d'enfance, 43 ans

« Je lui proposais régulièrement de venir se balader avec moi, sans trop insister, je ne voulais pas lui forcer la main. Au début, il disait non tout le temps et puis un jour, il est venu. À la fin de la promenade, il m'a dit que ça lui avait fait du bien. »

• Même si elle n'en donne pas l'impression, une personne qui souffre de dépression est très sensible aux offres d'aide (courses, ménage, cuisine, bricolage…) et aux « petites attentions ». Attention cependant à ne pas être trop « maternel » ou « envahissant ». Si votre proche se sent infantilisé, vous risquez de renforcer son sentiment de dévalorisation *(« Je ne suis plus bon à rien »).*

• Vous pouvez aider et motiver votre proche en l'invitant à faire avec vous des **promenades**, des sorties. L'encourager sans le harceler à poursuivre certaines activités qui lui procuraient du plaisir (« hobbies », sports ou activités culturelles) est également une forme de soutien utile. Rappelez-vous cependant qu'il peut être contre-productif de brusquer votre proche ou de lui imposer trop d'exercices ou de visites. Une personne dépressive se fatigue très vite car elle lutte en permanence contre sa fatigue et ses idées noires.

Serge, conjoint, 59 ans

« Elle prétendait que ça allait lui passer, qu'elle avait juste besoin de vacances, mais moi j'ai bien vu qu'il y avait un truc qui clochait : elle n'arrivait plus à se lever, elle n'avait plus envie de rien, elle pleurait tout le temps… »

• Un changement radical de vie, de travail, de résidence ou des vacances lointaines ne peuvent pas résoudre à eux seuls les problèmes de dépression, ils peuvent même parfois les aggraver. On ne se sépare pas de son vécu en changeant de cadre de vie ; partir en vacances lorsqu'on souffre de dépression ne fait que retarder le début de l'indispensable traitement et risque même d'aggraver la dépression par la perte des repères habituels.

• Si **des enfants ou des adolescents** habitent avec votre proche, expliquez-leur que ce dernier n'est pas responsable de son état, qu'il s'agit d'une maladie, qu'il a besoin de soins et de leur soutien.

• Quand votre proche va mieux, laissez-le reprendre le fil de sa vie **à son rythme**. Un certain temps (habituellement, plusieurs mois) peut être nécessaire avant qu'il se sente à nouveau à l'aise dans son entourage familial, amical ou professionnel.

Monique, mère, 66 ans

« Au début, j'en faisais trop, je lui donnais plein de conseils, je parlais tout le temps... Et puis un jour, elle m'a dit en souriant que j'avais le droit quelquefois de me taire, que c'était ma présence, plus que mes paroles, qui la réconfortait vraiment. »

ÉVOQUER LES IDÉES DE SUICIDE

Les idées de suicide sont fréquentes en cas de dépression, elles font d'ailleurs partie des symptômes de cette maladie (voir p. 12).

Le risque suicidaire **ne doit pas être sous-estimé** : environ 7 % des personnes touchées par la dépression meurent par suicide. Cependant, il faut savoir que l'immense majorité des personnes en proie à des idées de suicide ne feront pas de tentative.

Les signes de risque suicidaire ne sont pas toujours faciles à repérer. Il faut être particulièrement alerté par :

• l'évocation d'un « départ » ou de la volonté de « rejoindre des êtres disparus » ;

• les dons d'objets qui ont une valeur affective pour votre proche ;

• la mise en ordre de ses affaires personnelles ; la prise de dispositions testamentaires ;

• la prise de contacts pour remercier ou dire au revoir ;

• un apaisement ou un soulagement soudain sans raison apparente : cette « amélioration » inattendue peut être provoquée par la décision de passer à l'acte et par la perspective de mettre ainsi un terme à ses souffrances.

Toutes les recommandations dans ce domaine sont unanimes : les idées de suicide **peuvent et doivent être abordées** par les proches, les professionnels et, de façon générale, par tous ceux qui se font du souci pour la personne.

La meilleure façon d'aborder l'existence éventuelle d'idées de suicide est d'identifier ce qui fait souffrir la personne (être fatigué, ne pas pouvoir dormir, ne plus pouvoir aimer les siens, se sentir incapable…) et de poser quelques questions simples et directes :

« Je comprends que trop de choses te font souffrir actuellement.
Est-ce que, quand tu n'en peux plus, tu en arrives à penser
au suicide ? »
Si oui
« As-tu pensé comment le faire ? »
Si oui
« As-tu pensé quand le faire ? »

Si l'on craint de parler avec une personne de ses idées de suicide, c'est souvent par peur d'« encourager » celles-ci et de conduire à un geste suicidaire. En fait, c'est tout le contraire qui se passe. Quand les questions sont posées avec douceur et respect, la personne est soulagée que quelqu'un d'autre comprenne vraiment ce qu'elle endure et soit un témoin de sa souffrance. Parler avec elle est donc la première étape pour briser son isolement.

En cas de crise suicidaire

Si vous pensez que votre proche est en crise suicidaire, vous pouvez appeler une ligne téléphonique spécialisée (voir p. 87-88) où un professionnel compétent vous indiquera la démarche à suivre. Rester à proximité et éloigner le(s) moyen(s) de suicide qui seraient à la disposition de votre proche (arme, médicaments…) peut aider à décourager une tentative. Vous pouvez aussi accompagner votre proche à l'hôpital ou dans une structure spécialisée (voir p. 53-54).

Comment rester efficace dans son soutien ?

La dépression est une maladie que l'on met parfois beaucoup de temps à identifier et dont le traitement se fait toujours dans la durée.

Pendant toute cette période, vous aurez à partager la souffrance de votre proche et à trouver la force de lui apporter tout votre soutien et votre amour.

C'est pourquoi il est indispensable que vous vous **préserviez de l'usure et du découragement**. Avec le temps, ceux-ci risquent en effet de se transformer en colère et en agressivité et d'avoir un effet contre-productif sur le traitement de la dépression de votre proche.

Voici quelques conseils pour vous permettre de rester « aidant » et efficace :

• on peut parfois se sentir coupable quand un proche souffre de dépression. Rappelez-vous cependant qu'il s'agit d'une **maladie aux multiples origines** (biologiques, psychologiques, environnementales, voir p. 21-24) ;

• il peut arriver qu'on se sente impuissant face à la maladie. Dans ces cas-là, souvenez-vous que **vous n'êtes pas seul** : des spécialistes (professionnels de santé et associations) sont là pour aider votre proche, vous pouvez vous appuyer sur eux ;

• se replier sur soi, s'enfermer dans une bulle seul avec votre proche n'est pas une solution, ni pour lui ni pour vous. Il est important que vous preniez le temps de souffler, de continuer à vivre, à pratiquer des activités personnelles dans lesquelles vous trouvez du plaisir. Il est également essentiel que vous preniez en compte **votre propre souffrance**, que vous parliez à d'autres de ce que vous ressentez. Si vous vous sentez débordé, n'hésitez pas à faire appel pour vous-même à un professionnel de santé ou à une association spécialisée (voir p. 87-88). Vous n'en aiderez que mieux votre proche.

CINQUIÈME PARTIE

Ce qu'on peut faire par soi-même

Si le recours au soin est indispensable en matière de dépression, il est également possible de « s'aider soi-même », de renforcer ainsi l'efficacité du traitement, d'accélérer la guérison et d'éviter la réapparition des symptômes.

Mais comment faire quand on souffre de dépression, quand – précisément du fait de cette maladie – on a plutôt tendance à perdre confiance en soi et à n'avoir plus envie de rien ?

La cinquième et dernière partie de ce guide vous donnera des pistes de réponses. On peut s'aider soi-même :

- en acceptant l'aide des autres, en exprimant ce que l'on ressent ;
- en sachant reconnaître les signes précurseurs de « sa » maladie, afin de pouvoir agir rapidement ;
- en pratiquant certaines activités physiques, en améliorant son alimentation, en maintenant ou en développant les liens avec d'autres personnes (famille, amis, collègues, voisins, membres de clubs ou d'associations…).

Une dynamique positive peut ainsi s'enclencher et inverser le processus « négatif » de la maladie.

Exprimer sa souffrance et accepter d'être aidé

Dire ce que l'on ressent à des personnes de confiance quand on va mal est un conseil valable pour tout le monde, à tout moment de la vie. Revenir sur une expérience douloureuse, la partager avec un proche, pleurer si l'on en a envie… tout cela fait partie d'un processus naturel qui permet d'aller mieux :

Bien sûr, quand on souffre de dépression, il n'est **pas évident de parler** de ses sentiments et de ses émotions. Cette maladie génère en effet une culpabilité, un sentiment d'échec et un fatalisme tels qu'on a l'impression que toute aide extérieure est inutile. **Cette impression est fausse**, évidemment. Il existe des traitements efficaces de la dépression (voir p. 29) et l'entourage peut jouer un rôle non négligeable dans l'accompagnement de ces traitements (voir p. 61).

C'est pourquoi, autant que possible, même si c'est parfois difficile, il est particulièrement important **d'accepter d'être aidé, d'exprimer ce que l'on ressent, de faire confiance** aux personnes qui nous aiment, en chassant de nos pensées l'idée qu'elles nous considèrent comme un enfant, comme un « être inférieur » ou comme un « malade mental ».

Il est également essentiel, une fois l'aide acceptée, de **ne pas se laisser envahir** par un sentiment de mauvaise estime de soi, ou par la crainte d'être jugé ou déconsidéré, que ce soit par ses proches ou par son médecin. Par son médecin, en particulier, car cela pourrait conduire à lui dissimuler certaines informations essentielles au diagnostic et aux traitements (réalité de la prise du traitement, effets indésirables, niveau réel de souffrance...).

Marc, agriculteur, 49 ans

« Il ne faut pas avoir peur de parler. Il ne faut pas avoir honte. Il faut essayer de sortir ce qu'il y a au fond de soi, parce que sinon, à force, ça finit par craquer. »

Repérer les signes précurseurs de la dépression

Apprendre à détecter les signes précurseurs d'un épisode dépressif, c'est se mettre en position d'entreprendre une démarche de soin **dans les meilleurs délais** et d'éviter ainsi une aggravation de la maladie.

Ces signes varient d'une personne à l'autre (chacun peut avoir ses propres signes) mais ce sont souvent les mêmes qui réapparaissent chez un même individu dans le cas de troubles récurrents (qui se répètent dans le temps).

Les signes précurseurs **les plus fréquents** sont :
• un changement de l'humeur (notamment une tristesse et des pleurs sans motif) ;
• une perte d'intérêt pour les activités qui font habituellement plaisir ;
• des troubles du sommeil (réveil aux petites heures du matin, sommeil non réparateur…) ;

Les mots en couleur sont définis p. 84

- une anxiété de fond avec des moments plus aigus, notamment lors de situations jusqu'alors considérées comme routinières et sans danger (sortir faire les courses, par exemple) ;
- une irritabilité inhabituelle qui nécessite beaucoup d'énergie pour être contrôlée ;
- une fatigue importante ou un ralentissement des mouvements ;
- une impossibilité à agir, à accomplir les tâches quotidiennes ;
- une sensibilité exacerbée au bruit ou à l'agitation environnante ;
- des modifications inhabituelles (diminution ou augmentation) de l'appétit.

Savoir reconnaître ses propres signes est particulièrement utile dans le cas de troubles récurrents. **Tenir un journal en notant son humeur au fil des jours** est une bonne idée, pour soi-même et pour son médecin.

Mettre en place des actions de soin complémentaires

La dépression est un phénomène complexe dans lequel interviennent plusieurs causes ou « facteurs » : des facteurs biologiques, des facteurs psychologiques, des facteurs liés à l'environnement (voir p. 21-24).

Ces facteurs ne sont pas indépendants les uns des autres : au contraire, ils interagissent entre eux. Contre la dépression, il est donc particulièrement efficace **d'agir sur tous ces facteurs en même temps**, afin de générer **une dynamique positive** qui va vers l'amélioration de l'état dépressif.

Certaines actions (suivre une psychothérapie, prendre des médicaments antidépresseurs…) nécessitent le recours à un professionnel (voir p. 50). **On peut essayer de réaliser soi-même d'autres actions** : par exemple, pratiquer certaines activités physiques ; améliorer son alimentation ; dormir et prendre ses repas à des heures régulières ; limiter sa consommation d'alcool, de médicaments **anxiolytiques** et de substances psychotropes (cannabis, autres drogues) ; maintenir des relations sociales.

Les pratiques présentées ci-dessous font mieux que procurer une simple « distraction d'esprit ». Elles ont aussi **fait la preuve d'une efficacité réelle** sur la réduction des symptômes de la dépression. Mises en œuvre de façon progressive, en complément du traitement de fond (psychothérapie, médicaments) et en respectant les limites qu'impose la maladie, elles peuvent vraiment contribuer au soin et à la guérison.

PRATIQUER CERTAINES ACTIVITÉS PHYSIQUES

Plusieurs études ont démontré que le fait de pratiquer **régulièrement mais avec modération**[1] une ou plusieurs **activités physiques aérobies** (activités d'endurance respiratoire comme la marche rapide, la course à pied, le vélo, la natation, le rameur...) contribue à réduire les symptômes des dépressions légères à modérées et à prévenir leur réapparition.

Le **niveau d'activité physique préconisé** est de 5 séances hebdomadaires de 30 à 40 minutes chacune (ou à défaut de 3 séances hebdomadaires de 50 à 70 minutes chacune) d'une activité d'intensité modérée : un footing léger, par exemple. Cette intensité de pratique s'atteint progressivement, en respectant son propre rythme. Une fois cette régularité mise en place, la réduction des symptômes peut être effective très rapidement.

Aucune activité physique aérobie n'est *a priori* supérieure à une autre. On privilégiera **une activité qui nous plaise** en alternant au besoin les types et les modalités de pratique pour maintenir l'intérêt et la motivation :

- footing ou vélo en extérieur, s'il fait beau ;
- travail en salle sur rameur, stepper ou dans un cours d'aérobic ;
- natation, balade rapide en forêt seul ou avec des amis, marche rapide pour se rendre au travail...

---

[1] L'augmentation excessive des durées ou des intensités de pratique n'a pas nécessairement d'effets sur les symptômes dépressifs. Au contraire, le « surentraînement » a un effet négatif et peut dégrader l'état dépressif.

Les possibilités sont nombreuses, **seule la régularité compte.** La **pratique en groupe ou en club** peut être intéressante, car elle associe les bienfaits de l'activité physique à ceux de l'échange avec d'autres personnes.

Pratiquées **en complément** des activités aérobies, certaines **gymnastiques** ou **activités corporelles douces** peuvent aussi avoir des effets positifs.

Si l'on n'a pas pratiqué d'activité physique depuis longtemps, il est préférable de consulter un médecin pour effectuer un **bilan de santé.**

RELAXATION : SOUS CERTAINES CONDITIONS

Les techniques de relaxation sont reconnues pour leurs effets sur la gestion de l'**anxiété.**

Il peut être intéressant de les pratiquer **pendant une dépression,** et **après,** pour prévenir la réapparition des symptômes. Ces techniques peuvent en effet permettre de réduire les tensions du corps ainsi que la « rumination » et les idées noires. Cependant, ce travail sur le corps et les pensées peut être délicat, voire impossible en cas de pensées négatives envahissantes dans les phases les plus aiguës de la dépression. Il est donc préférable de pratiquer ces techniques **avec un professionnel compétent.** Ces approches nécessitent par ailleurs un **temps d'apprentissage** et un **usage régulier** pour être efficaces.

Sophie, professeur d'anglais, 36 ans

« J'ai pris l'habitude de faire un peu d'aquagym. En même temps, la prof me fait faire des séances de relaxation, ça m'aide à me détendre, à penser un peu à mon corps. Et puis, sortir de la maison, voir du monde, c'est quand même bien. »

ALIMENTATION : ATTENTION AUX CARENCES ET AUX DÉSÉQUILIBRES

Il n'est pas évident de maintenir une alimentation équilibrée quand on souffre de dépression : l'appétit est souvent perturbé, on n'a pas très envie de manger ou, à l'inverse, on adopte un comportement boulimique. Cependant, le respect des recommandations habituelles en matière de nutrition[2] reste valable.

Une attention particulière doit être portée à la consommation régulière de **fruits et légumes frais**, de **poissons et fruits de mer**, d'**huiles végétales** (olive, colza...) et de **céréales complètes**. Ces aliments contiennent en effet des acides gras essentiels (oméga-3, oméga-6), de la vitamine B12, des folates, des antioxydants (notamment vitamines C et E), du sélénium, du zinc, du fer... dont les **carences** peuvent jouer un rôle dans la dépression. Outre ces risques de carences, les **déséquilibres alimentaires** peuvent avoir des effets négatifs sur l'organisme, que ce soit à court terme (perte ou prise de poids, troubles digestifs, douleurs musculaires, fatigue, troubles de la concentration...) ou à plus long terme (diabète, maladies cardiovasculaires...). Ces dommages physiques peuvent avoir à leur tour un impact négatif sur l'état dépressif. Pour prévenir ces différents risques, le maintien d'une **alimentation naturelle équilibrée** est préférable à l'usage délicat de compléments artificiels.

[2] Recommandations élaborées dans le cadre du Plan national nutrition-santé (PNNS), diffusées via des livrets d'information (*La santé vient en mangeant. Le guide alimentaire pour tous*, Inpes, 2002) ou des sites Internet : www.mangerbouger.com

ALCOOL ET AUTRES SUBSTANCES ADDICTIVES : DE FAUX AMIS

La souffrance morale ressentie en cas de dépression peut favoriser la consommation d'alcool. Sur l'instant, l'alcool peut en effet donner l'impression de soulager, de mettre une distance entre soi et ses problèmes, d'avoir un effet tranquillisant ou apaisant.

Mais **ces effets immédiats sont un piège :** l'impression d'amélioration se dissipe rapidement, l'alcool a en fait des effets dépresseurs (diminution des fonctions cérébrales, fatigue, difficultés de concentration, tristesse) qui sont liés à ses interférences avec le fonctionnement de plusieurs **neuromédiateurs**. Il entraîne en fait une aggravation de la dépression.

La consommation d'alcool pose également problème quand on prend un traitement médicamenteux (antidépresseurs, **anxiolytiques**...). En effet, l'alcool **interfère avec les effets des médicaments**, augmente leurs **effets indésirables** et diminue leur efficacité thérapeutique. Il est donc préférable d'éviter d'en boire si l'on prend des médicaments.

Dans les autres cas, mieux vaut en consommer dans la limite des seuils définis par les experts internationaux : trois verres par jour pour les hommes, deux verres par jour pour les femmes. Au-delà, on prend des risques pour sa santé.

La dépression peut également être propice à une augmentation de la consommation **d'autres substances addictives** (médicaments anxiolytiques, tabac, cannabis, cocaïne, amphétamines...). Comme l'alcool, ces substances sont rapidement toxiques. Elles ont directement ou indirectement des effets dépresseurs. Il est recommandé de **limiter** (dans le cas des médicaments anxiolytiques) ou de **supprimer** (dans tous les autres cas) leur consommation.

Alcool : de l'usage simple à la dépendance

En matière de consommation d'alcool, on distingue l'usage simple, l'usage nocif et la dépendance.

- **Usage simple :** consommation n'entraînant pas de complications pour la santé, ni de troubles du comportement ayant des conséquences nocives pour soi ou autrui.

- **Usage nocif (ou « abus ») :** consommation répétée entraînant des dommages physiques ou psychologiques pour la personne ou son entourage. On parle d'usage nocif lorsqu'on peut par exemple constater : l'incapacité à se passer d'alcool pendant plusieurs jours ; des difficultés pour effectuer des obligations de la vie quotidienne ; l'aggravation de problèmes personnels ou familiaux...

- **Dépendance :** la personne ne peut plus se passer de consommer sous peine de souffrances physiques et/ou psychiques.

Le glissement de l'usage simple à l'usage nocif peut se faire de manière invisible. La personne se trouve alors dans une phase intermédiaire, **l'usage à risque**.
Au cours de cette phase, il n'y a pas encore de dommages apparents, mais une intervention précoce est souhaitable. Ces questions peuvent être abordées avec un professionnel de santé, qui est là pour en parler avec vous si vous le souhaitez. Ce sera l'occasion de faire le point sur votre consommation et d'envisager ensemble des solutions pour la diminuer.

LIENS SOCIAUX : À ENTRETENIR AUTANT QUE POSSIBLE

Le manque de soutien social (famille, amis, confidents, collègues…) a des effets négatifs sur la dépression. Préserver son réseau relationnel est donc essentiel lorsqu'on souffre d'un état dépressif. Ce n'est **pas forcément simple** à mettre en œuvre, pour plusieurs raisons :

• d'abord parce que la dépression apparaît parfois à la suite d'une séparation, d'un deuil, d'un licenciement, d'un déménagement… ; l'environnement social de la personne se trouve alors fragilisé ;
• ensuite parce que la dépression incite davantage à se replier sur soi qu'à aller vers les autres. Le ralentissement intellectuel et moteur provoqué par la maladie (voir p. 8-14) donne l'impression que le monde environnant est devenu trop complexe, qu'on ne parviendra plus à s'y adapter ;
• enfin parce que la dépression dégrade l'estime de soi : on se considère comme « indigne » ou « incapable » d'avoir des relations satisfaisantes pour soi et pour autrui.

Il est donc essentiel de **profiter des périodes de rémission** de la maladie (périodes de répit pendant lesquelles on se sent mieux) pour entretenir ou développer son réseau de relations : voir ses amis, sa famille, ses collègues, participer à des activités collectives (clubs, activités caritatives, culturelles, sportives, artistiques…).

Au-delà de ces relations importantes et stables, les **« micro-échanges »** (les quelques paroles et sourires quotidiens que l'on échange avec ses voisins, les commerçants de son quartier, le chauffeur de bus, le personnel d'entretien de l'immeuble ou de l'entreprise…) permettent également de se sentir mieux, plus à l'aise et moins isolé dans son environnement. Dans les moments difficiles, ces multiples petits soutiens sont d'une grande valeur.

Dans les moments de crise, la souffrance peut être telle qu'on n'est plus capable d'aller vers les autres, et que les autres ne sont plus capables d'accueillir notre douleur. Mais, même dans ces moments-là, il est toujours possible (et nécessaire) de maintenir un lien social, que ce soit avec des **professionnels de santé** dont c'est le métier (médecins, psychologues...), ou avec les membres d'un **groupe de parole ou d'échange**.

De nombreuses associations (voir p. 87-88) proposent des groupes de ce type, dans lesquels écoute, soutien et partage sont toujours une réalité. Certaines associations proposent également **des séances d'information et de soutien relationnel** animées par des professionnels (psychiatres, psychologues...) autour de thèmes spécifiques.

Thierry, ingénieur en recherche d'emploi, 57 ans

« Le conseil que je donnerais, c'est surtout de garder ses amis à ce moment-là, garder ses centres d'intérêt personnels, un domaine à soi. »

Mots à connaître

> **Activités physiques aérobies** *(p. 77)*

Activités d'endurance respiratoire (comme la marche rapide, la course à pied, le vélo, la natation, le rameur...) dont la pratique régulière mais modérée contribue à réduire les symptômes des dépressions légères à modérées et à prévenir leur réapparition.

> **Anxiété** *(p. 11, 75, 78)*

Émotion proche de la peur, sans cause évidente, présente chez tout être humain. L'anxiété est un symptôme fréquent en cas de dépression, qui se manifeste aussi bien dans le corps (boule dans la gorge, gêne pour respirer...) que dans la tête (rumination, sensation de catastrophe imminente...).

> **Anxiolytiques** *(p. 17, 20, 41, 77, 80)*

Couramment appelés « tranquillisants », ces médicaments soulagent rapidement l'angoisse. Mais ils ne soignent pas la dépression et ne doivent pas être pris pendant plus de quelques semaines (au-delà, le risque de dépendance est réel).

> **Baby blues** *(p. 16)*

Moment de doute et de fatigue passager, facilement surmontable, qui se manifeste chez la mère quelques jours après l'accouchement. À distinguer de l'épisode dépressif du post-partum.

> **Dysthymie** *(p. 19)*

Dépression qui s'installe dans le temps, avec des symptômes qui réapparaissent fréquemment et pendant des périodes plus longues. Lorsque ces symptômes sont très nombreux et très intenses, on parle de dépression chronique.

> **Effets indésirables** *(p. 39, 42, 80)*

Effets secondaires désagréables que peuvent avoir les médicaments.

> **Épisode dépressif caractérisé** *(ou* **épisode dépressif majeur** *: p. 15, 43)*

Période de temps suffisamment longue (plus de quinze jours) pendant laquelle, chaque jour ou presque, et pendant la plus grande partie de la journée, une personne présente un état de souffrance profonde et plusieurs autres symptômes de la dépression.

> **Épisode dépressif de type saisonnier** *(p. 16)*

Épisode dépressif survenant régulièrement à des moments spécifiques de l'année (apparaissant, par exemple, chaque hiver pour disparaître au printemps).

> **Épisode dépressif du post-partum** *(p. 16)*

Épisode dépressif caractérisé suivant l'accouchement, à distinguer du baby blues.

> **Facteurs de risque** *(ou* ***facteurs de vulnérabilité*** *: p. 22, 23)*
« Causes » de la dépression intervenant très en amont de la maladie, qui « préparent le terrain ». Exemple : avoir des parents qui ont souffert de dépression augmenterait le risque d'être soi-même frappé par la maladie.

> **Facteurs précipitants** *(p. 22, 23)*
« Causes » de la dépression intervenant juste avant la dépression, qui la déclenchent. Exemples : une séparation, un deuil, un licenciement…

> **Hypnotiques** *(p. 17, 20)*
Couramment appelés « somnifères », ces médicaments visent à faciliter le sommeil lorsque celui-ci est perturbé.

> **Médecin traitant** *(p. 56)*
Chaque Français de plus de 16 ans doit choisir et déclarer auprès de sa Caisse d'Assurance Maladie son médecin traitant. Tout médecin peut remplir ce rôle (médecin de famille ou autre praticien, généraliste ou spécialiste, conventionné ou non), à condition qu'il donne son accord. Le médecin traitant est au cœur du dispositif du parcours de soins coordonnés et personnalisés. C'est lui qui détermine, lors de votre consultation, s'il est nécessaire de vous orienter vers un autre médecin.

> **Millepertuis** *(p. 43)*
Cette plante, en vente libre en France, parfois utilisée en cas de « manifestations dépressives » légères et provisoires, n'est pas un traitement pour les épisodes dépressifs caractérisés, même d'intensité légère. Le millepertuis ne doit pas être pris à la légère, comme une sorte de « tisane antidépressive ». Il présente en effet le sérieux inconvénient d'interagir avec de très nombreux médicaments, dont certains antidépresseurs. Il est donc très important d'informer le médecin de l'utilisation éventuelle de ce produit.

> **Neuromédiateurs** *(ou* ***neurotransmetteurs*** *: p. 22, 39, 80)*
Substances fabriquées en permanence par le cerveau qui servent à la transmission d'information entre les neurones. Les neuromédiateurs affectés par la dépression sont la noradrénaline, la dopamine et la sérotonine.

> **Psychiatre** *(p. 49)*
Médecin spécialisé qui a reçu, après ses études de médecine générale, un enseignement supplémentaire de quatre ans sur les maladies mentales et leurs traitements. En tant que médecin, il est habilité à prescrire des médicaments, des examens et des soins, et à rédiger des certificats médicaux.
Il peut aussi proposer une psychothérapie (qui peut être réalisée avec lui ou avec un autre professionnel).

> **Psychologue** *(p. 50)*
Il a effectué cinq années de psychologie à l'université et possède un diplôme de 3e cycle (DEA, DESS ou master). Il est habilité à effectuer un bilan de personnalité à l'aide de tests et d'un questionnement approfondi. Il effectue des entretiens cliniques et peut aussi réaliser des psychothérapies.

En revanche, il n'est pas médecin : il ne peut donc pas prescrire de médicaments et les séances chez un psychologue ne sont remboursées par l'Assurance maladie que dans les établissements psychiatriques publics (Centre médico-psychologiques, hôpitaux de jour...).

> **Secteur** *(p. 53)*

Zone géographique (chaque département en comporte plusieurs) qui regroupe les établissements de soins psychiatriques publics autour d'un service hospitalier. Dans chaque secteur, une équipe coordonnée assure tous les soins de santé mentale pour la population habitant cette zone.

> **Symptômes** *(p. 8)*

Signes physiques, fonctionnels ou psychologiques provoqués par la maladie, perçus par le malade, dont l'étude sert à poser le diagnostic d'une maladie.

> **Temps partiel thérapeutique** *(p. 59)*

Possibilité de travailler à temps partiel en percevant tout ou partie des indemnités journalières d'arrêt de travail versées par l'Assurance maladie. Un temps partiel thérapeutique nécessite l'avis de trois médecins (le médecin traitant, le médecin conseil de l'Assurance maladie, le médecin du travail) et l'accord de l'employeur. Pour être accordé, il doit s'intégrer dans un projet de soin précis conduisant à terme à une reprise du précédent emploi à temps complet.

> **Tristesse** *(p. 8)*

La tristesse de la dépression n'a rien à voir avec la tristesse « normale » : elle est particulièrement intense, elle n'est pas « directement » reliée à une cause, rien ne l'apaise, elle se mêle d'angoisse et d'un sentiment de « fatalité ».

> **Troubles anxieux** *(p. 11, 20)*

Maladie psychique caractérisée par des peurs irrationnelles et gênantes (phobies, obsessions, panique...). À distinguer de la dépression, même si les deux maladies peuvent avoir des symptômes similaires.

> **Troubles bipolaires** *(ou* **maladie maniaco-dépressive** *: p. 19)*

Forme particulière de trouble de l'humeur qui alterne des épisodes d'excitation excessive (épisodes maniaques) et des épisodes dépressifs.

Adresses et numéros utiles

DES ASSOCIATIONS PEUVENT VOUS GUIDER :

> Association France-Dépression

Association française contre la dépression et la maladie maniaco-dépressive (loi 1901), soutient les personnes dépressives et leur entourage : groupes de parole, permanence téléphonique, conférences, activités conviviales... Ses membres sont des personnes confrontées à la maladie : patients, parents, amis, ou professionnels de la santé (médecins, psychologues, assistantes sociales, infirmiers...).

Plusieurs associations régionales existent, renseignez-vous sur le site web : ***www.france-depression.org***

> L'Unafam (Union nationale des amis et familles de malades psychiques)

Les bénévoles des 97 sections départementales accueillent, soutiennent les familles et défendent leurs droits. L'Unafam organise des formations afin d'aider les proches confrontés à la maladie psychique. Des réunions, groupes de parole, conférences-débats, congrès ainsi qu'une revue et des brochures, participent également à cette mission de formation et d'information à laquelle des spécialistes, psychiatres, psychologues, juristes et assistantes sociales apportent leur concours.

Les coordonnées des sections départementales sont disponibles au ***01 53 06 30 43*** *et sur le site web:* ***www.unafam.org***

> La FNAPSY (Fédération Nationale des Associations d'usagers en PSYchiatrie)

La FNAPSY regroupe 70 associations membres et les représente auprès des instances concernées. Elle facilite le développement et l'entraide des associations et aide à leur création. La FNAPSY remplit également une mission d'information vers le grand public.
Vous trouverez notamment sur leur site les contacts d'associations partout en France : ***www.fnapsy.org***

POUR OBTENIR DE L'AIDE, DISCUTER, AVOIR L'ÉCOUTE DE QUELQU'UN :

> S.O.S Amitié

S.O.S Amitié offre, à tous ceux qui choisissent d'appeler, la possibilité de mettre des mots sur leur souffrance et, ainsi, de prendre le recul nécessaire pour retrouver le goût de vivre.

Vous trouverez le numéro de votre région sur le site Internet ***www.sos-amitié.com*** *ou au* ***01 40 09 15 22.*** *Le site offre aussi un service d'écoute web (anonymat, confidentialité et non-directivité).*

> Suicide écoute

01 45 39 40 00 *(prix d'un appel local) : accueil et écoute des personnes confrontées au suicide, 24h/24, 7j/7.*

http://suicide.ecoute.free.fr/

> S.O.S Suicide Phénix

Numéro national : ***0825 120 364*** *(15ct / min) : accueil et écoute des personnes confrontées au suicide, 7j/7 de 16h à 20h.*

Numéro régional Île-de-France : ***01 40 44 46 45*** *(prix d'un appel local)*

www.sos-suicide-phenix.org

> Écoute-famille

01 42 63 03 03 *(prix d'un appel local) : cette ligne d'écoute créée par l'Unafam est destiné aux familles ayant un proche en souffrance psychique. Des psychologues conseillent et orientent les familles.*

PLUS SPÉCIFIQUEMENT POUR LES ENFANTS ET LES ADOLESCENTS, N'HÉSITEZ PAS À CONTACTER :

> Fil Santé Jeunes

0800 235 236 *(appel anonyme et gratuit depuis un poste fixe) : écoute, information et orientation des jeunes dans les domaines de la santé physique, psychologique et sociale. Ouvert 7j/7 de 8h à minuit.*

www.filsantejeunes.com *: informations, questions-réponses individualisées, forums, chats dans les domaines de la santé physique, psychologique et sociale des jeunes.*

> Phare Enfants-Parents

0 810 810 987 *(prix d'un appel local depuis un poste fixe) : écoute des parents et des enfants en difficulté, prévention du mal-être et de l'autodestruction des jeunes, du lundi au vendredi de 9h30 à 18h.*

Site d'information et d'orientation contribuant à combattre le mal-être des jeunes : ***www.phare.org***